中国与巴西人文交流录

Cultural Exchanges between
China and Brazil

主 编·谌华侨

时事出版社
北京

本书是国家社科基金冷门绝学和国别史等研究专项——中国与巴西关系史研究（项目编号：2018VJX096）——的阶段性成果。

前　言

作为东西半球两个最大的发展中国家，中国和巴西的人文交流源远流长。虽然相距甚远，早于官方交往之前，两国便开启了人文交流。在两国交往的历史进程中，在不同领域逐步形成了诸多逸闻趣事。

从选题来看，全书的内容涵盖体育运动、教育交流、文化活动、文学作品、海外移民和影像交流等，涵盖中巴人文交流的主要领域，同时还注重凸显历史重大事件和重要人物在人文交流中的推动作用。选材既有清朝游历使撰写的国内首部系统介绍巴西的书籍，也有巴西有志青年孜孜以求研究张大千的感人事件；不仅有对中巴足球群体的回溯，也有对对外汉语教学热心人士的关注。全书注重从领域和参与主体的角度来呈现两国人文交流的全貌。

从写作思路来看，全书旨在系统梳理九大领域的人文交流实践，遴选典型事件，深入分析相关典型事件对双边关系的巨大推动作用。不仅关注人文交流事件和历程，更注重分析人文交流对两国关系的支撑和促进作用。

从写作团队来看，作者由葡萄牙语、葡语国家研究和国际问题研究的复语复专业团队成员构成。部分作者既是相关问题的研究者，更是部分事件的参与者。全书尝试通过写作团队的共同努力，深挖相关事件的背后故事，充分利用多语种文献资源，系统梳理两国人文交流成果，深入分析人文交流对中巴关系的促进作用。

目录
contents

傅云龙与《游历巴西图经》……………………………周心语 / 1

巴西慕义青年朔源张大千：异族同乡跨越时空的长情
  告白………………………………………………桑金拉姆 / 16

足球：中巴友谊的桥梁………………………………欧阳骏 / 37

中巴教育交流合作的佼佼者：里约孔子学院…………郑佳宝 / 52

中巴美食：金风玉露一相逢，便胜却人间无数………孔傲翀 / 71

巴西狂欢节中的中国元素………………………………周心语 / 88

中国和巴西文学作品互译研究……唐思娟　高钰琳　汪晓宇 / 106

中国人移民巴西研究……………………………………杨敏 / 122

中巴影像交流………………………………王丛汐　谌华侨 / 140

傅云龙与《游历巴西图经》

周心语[*]

巴西是南美洲最大的国家，地理位置优越，拥有丰富的自然资源，是重要的发展中大国。1974 年中国与巴西建交，政治经济文化合作交流不断增多。近年来，金砖伙伴、南南合作、双边高层互动，中巴之间的关系不断加深。中国是巴西最大的贸易伙伴，巴西是第一个与中国双边贸易突破千亿的拉美国家，近 200 家中资企业在巴西投资达 300 亿美元，为当地提供数万就业机会，两国伙伴关系稳步全面发展。[①]

在中巴建交 45 周年之际，习近平主席致电巴西总统，在贺电中指出，中国和巴西同为发展中大国和重要的新兴市场国家，中巴关系历久弥坚，各领域务实合作成果丰硕，给两国人民带来了实实在在的利益，也成为发展中大国团结合作、携手发展的典范，中国和巴西的合作潜力巨大，前景十分广阔。[②]

---

[*] 周心语，四川外国语大学西方语言文化学院。

[①] 驻圣保罗总领馆：《驻圣保罗总领事陈佩洁就中巴建交 45 周年在巴西主流媒体发表署名文章》，2019 年 8 月 15 日，https://www.fmprc.gov.cn/web/dszlsjt_673036/t1689124.shtml。

[②] 刘阳：《习近平同巴西总统博索纳罗就中巴建交 45 周年互致贺电》，2019 年 8 月 15 日，http://www.xinhuanet.com/2019-08/15/c_1124880741.htm。

中巴文明交流源远流长，早在16—18世纪，由于葡萄牙海上贸易的开通，中国与巴西就有了联系。19世纪末期，中国便开启对巴西的探索，首次真正"发现"巴西，"体验"真实的巴西，并将真实巴西的形象传播到中国：1887年，清朝游历使傅云龙奉旨开启游历各国的旅程，在此过程中也促成了中巴文明的互传与互鉴，是推动早期中巴关系发展的重要人物。

一、傅云龙游历巴西

傅云龙是清朝派遣出国的游历使，1889年3月7日，在环游了秘鲁之后，经过5天的海上航行，他来到了巴西当时的首都——里约热内卢，第一次踏入巴西土地的傅云龙，描述了当时的场景："轮泊巴西国都，在光绪十五年春二月六日。岂无华黎，已忘华语，方音半沿于葡萄牙，先译英文，乃转汉字，重译之言至斯而信。彼都无雨六阅月矣，黄疫四起，日损三百余人。水筲欲断，旱魃之骄弥……"[1] 1889年是巴西黄热病传播历史中"最不幸"的一年，黄热病在里约热内卢、桑托斯蔓延，更是在坎皮纳斯成为四处肆虐的传染病。[2] 当傅云龙到达巴西时，正值黄热病疫情高峰期，在疫病肆虐的艰苦环境下，尽管同船之人都不敢下船，但肩负游历任务的傅云龙仍然冒着生命危险毅然进入巴西，船上的人都向他致意祝他好运，"舟中人取道于此皆弗登岸，同餐

---

[1] （清）傅云龙撰：《游历巴西图经》，朝华出版社2019年版，第176页。
[2] Fernando Evans, "Febre amarela quase tirou Campinas do mapa na reta final do século 19," January 23, 2017, http://g1.globo.com/sp/campinas-regiao/noticia/2017/01/febre-amarela-quase-tirou-campinas-do-mapa-na-reta-final-do-seculo-19.amp.

西人脱帽摇巾以送，亦无理中别致也"。① 就这样，傅云龙正式开启了巴西的游历之行。

但傅云龙的巴西之旅也颇为不易。与其他国家不同，当傅云龙到达巴西时，并没有任何华人到岸迎接，傅云龙只能自己寻找住处，住在离皇宫不远的一个旅店里，通过与店家交流，他还记录了此地的习俗。安顿好后，傅云龙亲自递书，求见国王及外交使臣，最终获得了他们的同意，得以被接见。之后，傅云龙展开了一系列的人文交流，最终带着对巴西各方面的见闻"满载而归"。

（一）傅云龙在巴外交活动

在到达巴西的第二天，即 1889 年 3 月 8 日，傅云龙会见了巴西外交部长。次日，拜会了巴西国王佩德罗二世（Dom Pedro II）。

拜访国王之行比较顺利，"一黑兵握出鞘刀立门，指所由入。不数武，登楼，数巡捕侯门，少立即入。王起迓，立谈大旨，以远来得见为愿。舌人学操土语，王曰：吾通英语也。问来去路，并及矿工。将出，王握手言再见，曰古拜"②。与国王的会面中，虽然傅云龙不通葡萄牙语，但佩德罗二世通情达理，他向傅云龙表示自己会英语，于是双方用英语交谈。傅云龙形容道："鹤发童颜，佩宝星，年六十有四。在位五十载，与民主异。"③ 此外，傅云龙还会见了巴西派往中国立约的全权特使喀拉多（Eduardo Callado），两人"畅所欲言，知其光绪七年之使，名沿互市，实主招工，招工之议未定，是以通商之使（常驻公使）未来"④。

---

① 傅祖熙、傅训成、傅训淳：《傅云龙传》，浙江古籍出版社 2003 年版，第 197 页。
② 傅祖熙、傅训成、傅训淳：《傅云龙传》，浙江古籍出版社 2003 年版，第 198 页。
③ 傅祖熙、傅训成、傅训淳：《傅云龙传》，浙江古籍出版社 2003 年版，第 198 页。
④ 茅海建：《巴西招募华工与康有为移民巴西计划之初步考证》，《史林》2007 年第 5 期，第 1—18 页。

在这些外交活动中，傅云龙也对巴西这个陌生的国度有所了解。在接下来的行程中，他与当地巴西人以及华人进行交流，展开人文交流活动，并搜集资料撰写书籍，体验、记录真实的巴西。

（二）傅云龙在巴人文交流活动

在里约热内卢期间，傅云龙所住旅店的店主陪他参观公园，之后傅云龙又陆续参观了图书馆、皇家医院、试验药科院。作为中国游历使，傅云龙也接受了几位巴西知名人士的拜访，有前往中华立约的通商者，有巴西驻上海副领事，也有当地几家著名公司的经理。他们邀请傅云龙参观动物园、植物园，还顺道参观了当地的印刷局，见到了印刷局的主管。通过大量的走访交流，傅云龙对巴西有了更深入的了解。[①]

巴西自然资源十分丰富，是世界上动植物最多样化的国家。巴西有超过十万种动物，超过四万种已知植物，其广袤的土地以及适宜的气候更是促成了物种的多样性。因此，巴西动物园、植物园当中的生物种类繁多，各具特色。在里约热内卢时，几位巴西人来访，邀请傅云龙参观动物园。傅云龙在动物园观看了动物表演，见到了一些闻所未闻的稀奇动物，也对在动物园的见闻进行了描写："其兽虎、豹子、狮、熊、囊驼、狼、狈、狐狸，而猿类尤其多，或白或黄，或面扁而黑，或面长而身之上半毛散如衣马褂，或首小身细尾长，或庞然三尺，或微裁数寸。又有兽曰安多蚁答，则食蚁者也。类杰槛各一格，若羊若牛，形无大异。"[②] 傅云龙也参观了植物园，巴西植物也与其他地方有异："入植物园，门内棕榈两行七十余株，皆逾百尺。有木坚如铁，叶近槐木，可舟

[①] 傅祖熙、傅训成、傅训淳：《傅云龙传》，浙江古籍出版社2003年版，第199页。
[②] 傅祖熙、傅训成、傅训淳：《傅云龙传》，浙江古籍出版社2003年版，第199—200页。

可车。有果木曰格格瓦，叶似枇杷，无毛而大倍之，花小，其瓣四。"①傅云龙置身于如此异域风情的国度中，不断丰富着对巴西的认知。

傅云龙在智利游历期间，智利华人向其提供了巴西华人的信息。经过寻访，傅云龙找到了巴西当地华人，"华人始千有奇，今余两百"，②巴西华人数量上在减少，并且在此地的生活大不如其他国家。在傅云龙结交的四位华人中，只有一位认识汉字，在这几人中，黄义开设酒店；廖耀起初做生意，如今没有工作；张伴是一名工人；陈前是渔夫，既不认识中文也不认识外文。通过与华人的交流，傅云龙对当地移民华人的情况有了初步了解，为后来研究巴西招工一事作了铺垫。

3月17日，傅云龙登上离开里约热内卢的船只，乘船航行时还经过巴西的几个沿海城市，期间亚马孙州州长邀请傅云龙上岸参观，然而轮船启航在即，傅云龙只能"饷之以酒，握手交臂而别"③。最终，傅云龙于船上结束了在巴西的游历行程，驶回北半球。

二、傅云龙著书《游历巴西图经》

傅云龙虽然只在巴西游历了1个多月（1889年3月7日至1889年4月5日），但短暂而充实的历程也为他提供了撰写《游历巴西图经》的重要素材。傅云龙十分勤奋，为撰写图经进行了紧凑的调研及安排，每一日都在不同的地方进行考察并搜集资料。"八月卯初，起，考巴西经纬及较时里差。九日，访巴西沿革，与夫部落形势、四至八到。十

---

① 傅祖熙、傅训成、傅训淳：《傅云龙传》，浙江古籍出版社2003年版，第199—200页。
② 傅祖熙、傅训成、傅训淳：《傅云龙传》，浙江古籍出版社2003年版，第199页。
③ 傅祖熙、傅训成、傅训淳：《傅云龙传》，浙江古籍出版社2003年版，第205页。

日，访山水、矿泉、国系、风俗。十一日，访民数、物产、矿产、农务、商略。十二日，考关税钱法，计国债。十三日，考巴西兵工器、铁道工。十四日，访政制刑略，与夫电线邮舍。十五日，访海陆兵制兵学，与夫兵舰之铁木。十六日，访巴西学校。"① 搜集完资料后，傅云龙将其整理成书，命名为《游历巴西图经》。

（一）《游历巴西图经》详细叙述巴西国情

傅云龙用陈述性笔触记录了当时的巴西，对巴西进行了宛如百科全书式的综合考察，涉及领域之广，包罗万象。书中还涵盖了大量的统计报表，全面系统地阐述了巴西的国情。

《游历巴西图经》共十卷，依次为天文、地理、国系、风俗、食货、考工、兵制、政事、文学、叙例，全面、系统地阐述了巴西国情。卷一为天文，介绍巴西的经纬度、时差、气候；卷二为地理，介绍沿革、形势、部落、邑、岛、山、水、通舟河道等；卷三为国系，追溯巴西历史记录巴西的国家体制和皇室成员；卷四为风俗，介绍种族、服饰、饮食、居住及习俗；卷五为食货，记录巴西各地人数、巴西特产、矿产、农务、商贸、财政等情况；卷六为考工，介绍兵器制造、铁路制造和其他的工业；卷七为兵制，介绍海陆兵制、海陆军学及兵船等军事情况；卷八为政事，介绍巴西政治体系、官职制度、外交、与中国立约、大事编年表、度量衡比较、刑法；卷九为文学，叙述巴西的文化教育，介绍巴西学校师生数量、学校类别及其藏书；卷十为傅云龙的自叙，追溯其游历巴西的经过和写作宗旨。

在天文方面，傅云龙还描述了巴西各地区的经纬度、中国与巴西之

---

① 傅祖熙、傅训成、傅训淳：《傅云龙传》，浙江古籍出版社2003年版，第205页。

间的时差与巴西的气候。由于巴西的地理位置，巴西的冬夏与中国相异，傅云龙从寒暑、晴雨、风信三个方面详细描述了巴西天气。傅云龙游历至巴西时，正是黄热病疫情四起之时，傅云龙分析其与巴西天气有关："在光绪十五年春二月六日，彼都以冬为夏，正溽暑时也。赤岛流沙时疫四起，日损其都人二百有奇，问何以故？则曰：无大雨六阅月矣，无微雨亦再阅月，侨居逸不可上。云龙乃昼夜兼游十数日，遂行而雨，说者谓：巴西北境赤道增热，滨海弥淫，彼都已在东南，藉非旱虐犹不至，是内地苦热盖寡。"①

在《游历巴西图经》一书中，傅云龙也记录了巴西的总体地理情况，巴西国土的沿袭与变革、各州（图经中叫"部落"）的地势以及其所分管的城市，同时也汇总了巴西的山、岛、水、河道、渠、矿泉、码头。巴西地大物博，因此描述巴西地理情况的巴西图经卷二，所占篇幅较多。同时，巴西的人种也相对复杂。巴西原住民为印第安人，后经过"航海大发现"，被葡萄牙殖民，为了种植各种热带经济作物以及进行生产活动，葡萄牙从非洲购买大量黑人作为劳动力，再加上欧洲的移民，出现各国、各人种混杂的局面。傅云龙将他们大致分为五类：葡萄牙苗裔、别国人入籍、黑人、土人、杂人。同时也描述了巴西人的外貌、服饰、饮食、居处。据傅云龙的描述，欧洲人种在巴西生活较为优渥，而黑人为奴，"凡劳筋力之事，辄役黑人为之"，②而当地土著生活较为原始、文明程度远不及欧洲："土人不事家人生产，有食辄同果腹，不自私也。能饮不贪，或能居水中一二时，或能张目视水底物，游水便且捷，或骑马猎牛。"③

---

① （清）傅云龙撰：《游历巴西图经》，朝华出版社2019年版，第12页。
② （清）傅云龙撰：《游历巴西图经》，朝华出版社2019年版，第52页。
③ （清）傅云龙撰：《游历巴西图经》，朝华出版社2019年版，第52页。

巴西矿产资源丰富，傅云龙在《游历巴西图经（五）》"巴西食货"中，着重描述了巴西的物种，其物种之丰富，傅云龙称之为"巴西瑰奇之宝，羽毛之美，草木之蕃。有用之木二万余种土人亦不尽知名。论者谓为五大洲冠，以目质耳，非臆说矣"。[①] 同时，通过对巴西考工、兵制、政事、文学等方面的客观描写，刻画出一个有着丰富资源、文明的巴西。

（二）《游历巴西图经》的价值

19世纪，清政府向国外派遣使团进行出国游历，拉开了"开眼看世界"的序幕。游历不仅是为向西方学习，而且可以有针对性地对外传播中国文化，同时也有助于了解他国国情。傅云龙是大清游历使选拔考试的"状元"，他被委派游历巴西，进行了丰富的实践活动，并撰写学术书籍，产生了重要影响。

傅云龙早年曾游历云南、贵州、四川、湖北、山东、江苏等省，中年在北京任兵部候补郎中。他博闻广记，好学不倦，尤其喜欢地理志与兵书，撰写了许多经学、史学、地理学、金石学等方面的著作，也曾参加《顺天府志》的撰写，是一个知识渊博、肯学务实的人。[②]

1887年6月，清政府举行了一场别开生面的选拔考试，旨在选拔官员进行出国游历。与寻常的科举考试不同，此次选拔主要考察边防、史地、外交、洋务的策论，最终清政府共派遣12名游历使者赴往四大洲20多个国家进行考察调研，撰写了多个调查研究报告和海外游记，

---

① （清）傅云龙撰：《游历巴西图经》，朝华出版社2019年版，第59页。
② 王晓秋：《傅云龙——勤奋著述的游历使》，《中日文化交流史话》，山东教育出版社1991年版。

成为晚清时期中国人走向世界的一个标志。①

被选中成为大清游历使时，傅云龙46岁，已经有较高的文化素养和文化积累，也正是年富力强、具有上进心的时候。1887年7月10日，庆亲王定下了各人游历的任务，傅云龙自此踏上难忘的出洋之旅。② 傅云龙与同伴顾厚焜一组，1887年11月从上海出发乘船到达日本，在日本游历6个多月后，再乘船横渡太平洋，到达美国。此后从美国乘火车到达加拿大，然后再次返回美国南部，并乘船赴古巴、秘鲁等地，于1889年3月到达巴西。在巴西游历后，傅云龙又在美国作第三度考察并返回日本再度考察。据傅云龙统计，此次游历26个月，总共770天，总行程120844华里，重点游历6国。在此期间，他共著考察报告《游历图经》86卷、外国游记15卷③和记游诗9卷。在让国人"开眼看世界"以及中外政治文化交流方面做出了重大贡献。④

周世秀教授在《中国与巴西文化交流的起点》中指出，学术界一般认为中巴文化关系始于1810年，其象征是里约热内卢植物园引种中国茶树，而周世秀教授的研究表明，现存于巴西的，于1717年动工的圣玛丽亚·奥教堂中的中国木雕画可以说是直接由中国传播过去的，是中国与巴西文化交流的最早物证。⑤ 尽管在《游历巴西图经》前一百多年，已有过中巴文明交流的痕迹，但不论是茶树还是木雕画，其影响力都有限，在当时，中巴文明的交流也并未深入。因此，傅云龙的游历经

---

① 王晓秋：《晚清中国人走向世界的一次盛举：1887年海外游历使初探》，《北京大学学报（哲学社会科学版）》2001年第3期，第78—86页。
② 傅祖熙、傅训成、傅训淳：《傅云龙传》，浙江古籍出版社2003年版，第95—97页。
③ 傅云龙游历期间写了大量游记，称之为《游历图经余纪》。
④ 王晓秋：《晚清中国人走向世界的一次盛举：1887年海外游历使初探》，《北京大学学报（哲学社会科学版）》2001年第3期，第78—86页。
⑤ 周世秀：《中国和巴西文化交流的起点》，《巴西历史与现代化研究》，河北人民出版社2001年版，第183—190页。

历十分珍贵。他游历巴西后，在巴西各处留下交流的印记，《游历巴西图经》作为傅云龙的著作，是中国人最早对巴西真实国情的详细客观记载，对中国人了解巴西、研究巴西有着重要的参考价值，见证着中巴之间的渊源不断加深，也为中巴文明交流留下了佐证。

三、傅云龙与《游历巴西图经》对中巴关系的促进作用

傅云龙是中巴文化交流的先驱，在游历巴西途中撰写了《游历巴西图经》，为我们留下了累累硕果，对当今的中巴关系也起着推动作用。在全球化的今天，在"一带一路"倡议背景下，傅云龙游历巴西的经历及其著作值得深入研究。

（一）记叙真实巴西，增进中巴相互了解

根据范登·布舍（Vanden Bussche）的研究，起初，中国人也受惠于葡萄牙海上贸易，葡萄牙船只给澳门带来了木瓜、木薯、可可、橡胶等物品。尽管如此，清朝政府对加深中巴关系兴趣不大，也不了解巴西的真实情况。在中国流传的有关巴西的著作十分稀少，有著作将巴西描述为一个原始的、充满异域风情的国度，巨大的鱼类是巴西人的主要交通方式，而巴西女性习惯用长发覆盖自己的身体，而非衣物。范登也强调了当时傅云龙所撰写的巴西相关地理知识在 19 世纪中国（清朝）与巴西的关系中起到了十分重要的作用。傅云龙所撰写的《游历巴西图经》呈现了真实的巴西现状，为中国提供了宝贵的认识和了解巴西这个

遥远异域国度的一手资料书，为了解真实的巴西起到了奠基的作用。①傅云龙在天文、地理、国系、风俗、食货、考工、兵制、政事和文学方面进行了客观描写，将巴西从原始的刻板印象中脱离出来，用真实的数据还原了一个有着丰富资源和文明的巴西，增进了中国对巴西的了解。

同时，通过研读《游历巴西图经》，我们能够从傅云龙的角度出发，了解19世纪末期的巴西，对当时巴西的政治、经济、军事、文化、交通、史地、民俗民情进行解读，其客观翔实的数据能够作为巴西研究的准确史料。此外，傅云龙前往巴西的一年也是巴西经历重大变革的一年，具有十分重要的参考意义。佩德罗二世是巴西帝国的第二位皇帝，在位期间着手废除奴隶制度，加强本土咖啡产业的发展，1889年也是佩德罗二世在位的最后一年，1889年11月15日，巴西发生政变，佩德罗二世被废黜，巴西从巴西帝制转变为巴西合众国，废除君主制。巴西进入老共和国时期，此后巴西又经历了新共和国时期、军政权时期和重建民主时期。《游历巴西图经》能够为巴西研究者乃至拉美研究者提供研究路径，对当时的巴西与现在的巴西进行对比研究，同时也为研究巴西历史性演变、社会文化变迁提供了路径，促进了中巴之间的深入了解。

（二）促成华工移民巴西，深化中巴友好往来

1879年，巴西曾向中国派遣外交使团，与中国商议建立两个帝国间的正式关系，其中一项条约是让中国移民到巴西种植咖啡。由于对于巴西的不了解，也由于担心臣民移民巴西会遭受与美洲大陆其他国家人民一样的悲惨工作条件及待遇，清政府并未对此产生兴趣。尽管在巴西

---

① Eric Vanden Bussche, "A China descobre o Brasil: o primeiro capítulo das relações sino-brasileiras," July 27, 2012, https://vistachinesa.blogfolha.uol.com.br/2012/07/27/a-china-descobre-o-brasil-o-primeiro-capitulo-das-relacoes-sino-brasileiras/.

使团的不断努力和英国的帮助下，巴西使团与清朝签署了建立正式关系的条约，但是由于李鸿章和其他大臣的强烈反对，条约中并未加入鼓励中国工人移民的条款。①

1889年傅云龙出使巴西，中巴关系发生了转变，进一步推动了中巴关系。傅云龙游历巴西途中，巴西植物园长也提出招收华工一事，"初植茶，华工二十余司之，今无华工，而茶遂荒"。同时，园长也提到认为西方工人不如华工，其原因有三个："费多一也，勤少二也，终且垄断三也"。② 此外，傅云龙也了解到巴西的矿藏非常丰富，土地辽阔，因此招工的需求十分迫切。除了招工种植茶叶之外，巴西修道（铁路）以及开矿也需要中国劳工，因为中国劳工不仅便宜而且勤劳。

傅云龙也调查了当地华人情况，当时侨居在里约热内卢的华人只有约500人，"巴西之华人，侨居国都者五百耳"。③ 巴西最早的移民来自于茶农，傅云龙描写道"盖嘉庆十七年（1812年）有湖北人至彼创植以来，已寝旺"，据巴西学者杜瓦尔（Dr. Durva De Noronha Goyos Jr.）研究，葡萄牙人当时在中国招募300多名湖北籍劳工在巴西茶叶种植园工作。④ 彼时，巴西的咖啡种植业十分发达，佩德罗二世在位时也推动铁路的发展，因此需要大量的劳工。国王佩德罗二世在位时主张废除奴隶制，1888年巴西帝国政府颁布法令，宣布废除奴隶制度。但由于巴西各行业的大量劳动力来源于奴隶，因此废除奴隶制后巴西出现劳动力紧缺的问题，因此说服清廷准许中国劳工移民巴西也显

---

① Eric Vanden Bussche, "A China descobre o Brasil: o primeiro capítulo das relações sino-brasileiras," July 27, 2012, https://vistachinesa.blogfolha.uol.com.br/2012/07/27/a-china-descobre-o-brasil-o-primeiro-capitulo-das-relacoes-sino-brasileiras/.

② 傅祖熙、傅训成、傅训淳：《傅云龙传》，浙江古籍出版社2003年版，第200页。

③ （清）傅云龙撰：《游历巴西图经》，朝华出版社2019年版，第51页。

④ Durva De Noronha Goyos Jr., "BRAZIL CELEBRATES 200 YEARS OF CHINESE IMMIGRATION," December 4, 2012, http://saopaulo.china-consulate.org/pl/xwdt/t994819.htm.

得更加急迫。

傅云龙在巴西期间就曾听当地人谈起招收华工话题，在对招收华工进行多方面考察后，他写出具有针对性的《议巴西招工书》，上贴禀报此事，促进清廷同意华工移民巴西。为了促成华工移民，傅云龙对巴西招工一事进行了缜密的规划，希望中巴合作交流能够形成良性发展："巴西谈判招工事。应乘西工未得专利之时，与议招工约条，将来不致为彼排挤。自须预为筹及，免致华工到彼，无官保护，受其凌辱，又蹈秘鲁、古巴覆辙。"根据徐艺圃的《新发现的清档〈巴西招工案〉述评》，在李鸿章等的主持下，巴西取得了在华合法招工的权利。[①] 不可否认，傅云龙的提议在促成巴西在华招工中起到了一定的作用，是促进中巴关系的早期事件，也加深了中巴往来。[②]

（三）构建国别研究框架，加深巴西认识

中国"区域国别研究"发端于晚清"睁眼看世界"，积极探索外部世界的知识分子通过各种方式了解西方国家的语言文化、法律制度、军事技术，编纂《四洲志》《海国图志》等具有启蒙意义的重要著作，建立起中国对外部世界的初步认识。而处于这一时期的傅云龙，也通过在巴西进行实地调研、著书，开启了早期的"巴西国别研究"。

任晓教授在访谈时表示，区域国别研究是一种以特定的区域国别为研究对象的学术研究，在开展研究时深入到对象国的社会之中进行深度田野调查，讨论内容也涉及政治、经济、历史、宗教、社会、文化等方

[①] 徐艺圃：《新发现的清档〈巴西招工案〉述评》，《华侨历史》1986年第3期，第51—55页。

[②] Eric Vanden Bussche, "A China descobre o Brasil: o primeiro capítulo das relações sino-brasileiras," July 27, 2012, https://vistachinesa.blogfolha.uol.com.br/2012/07/27/a-china-descobre-o-brasil-o-primeiro-capitulo-das-relacoes-sino-brasileiras/.

方面面。① 傅云龙深入巴西，一个月内游历各地搜集资料并与当地人交流，进行田野调查，获得一手资料，了解巴西并研究巴西的特性。其著作《游历巴西图经》从天文、地理、国系、风俗、食货、考工、兵制、政事、文学出发，对巴西的国情进行了详细地介绍和论述，堪称中国人对巴西进行调查研究的开山之作。作为深入研究巴西各方面问题的史籍，傅云龙在《游历巴西图经》中大量运用图表及客观数据，对文字进行配合说明，内容翔实，被光绪帝称为"著书甚详细，至于再"。② 傅云龙及其著作不仅为巴西国别概况的研究奠定了基础，也为巴西国别研究搭建了框架。

四、总结

从区域国别研究角度进行对外研究是近年热门的话题，符合国家和社会的需求。早在清朝，傅云龙作为研究巴西的"先行者"，撰写《巴西游历图经》，全面、系统地介绍了巴西，为巴西国别研究提供了素材。该书从天文、地理、国系、风俗、食货、考工、兵制、政事、文学九个角度研究巴西，为巴西国别研究搭建了框架，意义重大。不仅如此，巴西与中国地理距离遥远，大清游历使傅云龙克服重重困难，作为先驱前往巴西，在艰苦的条件下进行外交活动与人文交流，推动了中巴关系的早期发展，为中巴合作、互信提供渠道，为当代中巴文明交流打下基础。

---

① 任晓、孙志强：《区域国别研究的发展历程、趋势和方向——任晓教授访谈》，《国际政治研究》2020年第1期，第134—160页。

② 傅祖熙、傅训成、傅训淳：《傅云龙传》，浙江古籍出版社2003年版，第1页。

2019年5月,习近平主席在亚洲文明对话大会开幕式中提到:"文明因多样而交流,因交流而互鉴,因互鉴而发展。"中巴文明根植于不同的大陆,隶属不同的文化,通过中巴文明不断交流,才能实现共同发展。

巴西慕义青年朔源张大千：异族同乡 跨越时空的长情告白

桑金拉姆[*]

一、故事原型

（一）故事开端

1966 年 3 月 29 日，圣保罗艺术博物馆（Museu de Arte de São Paulo）内比肩继踵，热闹非凡。彼时巴西工业革命始兴起，在这片金灿灿的南美土地上，一切欣欣向荣。[①]

三月的圣保罗依然温热，而圣保罗博物馆正好集纳了这座热情似火的南美城市诸多人气。人群喧闹中，日光折射下，一位面若古铜、目光炯聚的白髯老者，身着长衫，手执拐杖，步履闲定。在糅杂欧洲、非

---

[*] 桑金拉姆，四川外国语大学西方语言文化学院。

[①] Gorgulho Guilherme, "Picasso chinês' continua obscuro no Brasil 20 anosapóssuamorte," Folha de S. Paulo, outubro 24, 2003, https://www1.folha.uol.com.br/folha/ilustrada/ult90u38165.shtml.

洲、印第安诸多面容特色的巴西参观人众中，独成一道风景，其身旁不乏相伴的亲眷和生徒。通过介绍，众人方得知，此乃中国国画大师张大千，而参加开幕展览的有 22 幅画作正是出自其笔下。[1] 观众们齐首凝神，对这位异域风格装扮的神秘老人及其风格鲜明的画作颇感兴趣。

开幕式进行到了最高潮之处，白髯老者泰然一笑，指示生徒拿出一副装裱好的作品。画卷缓缓舒展开来，一幅颇似阿尔卑斯山脉地区风光的中国水墨山水画呈现在众人眼前。西方风景结合东方画艺，一种神妙之觉在大家心中氤氲开来。画面中山峦如翠，勾勒不乏细致之处，却有大面积的泼墨泼彩，看似随意，却精妙无穷。与在展的 22 幅画作中的大多数一样，显有同样的狂放和娟秀，在座众人无不发出赞叹。博物馆创始人阿西斯告知，大师已将此幅佳作捐给圣保罗博物馆，除了表达感谢之外，更希冀借此良机，能在中国国画艺术尚未被众人所了解的巴西起到先驱作用，从而促进中巴更深切的艺术交流。话音刚落，厅中爆发出阵阵热烈的掌声。

"不知道这是否是先生寻找的画作？"耳旁似乎远远传来工作人员的问询之声。越过几十年的时光距离，仿佛与上述熙攘人群同处一室的郭威廉，这才慢慢回过神来，掌声渐弱，人群似乎也消失在阳光下跳动的烟尘之中，而只有这幅《瑞士胜概》（Paisagem Suiça）在灯下显得越发明晰，沟壑未变，泼彩依旧。

"这副中国水墨画作价值 300 万雷亚尔"，这位伯南布哥州奥林达市现代艺术博物馆（Museu de Arte Contemporânea de Olinda）的工作人员缓缓讲道，末地一顿，语调无不可惜，"只是由于捐入我们馆后，没有

---

[1] Gorgulho Guilherme, "Picasso chinês' continua obscuro no Brasil 20 anosapóssuamorte," Folha de S. Paulo, outubro 24, 2003, https://www1.folha.uol.com.br/folha/ilustrada/ult90u38165.shtml.

进行登记注册的原因，这幅作品一直匿名，我们也并不知晓其原作者。"①"张大千先生，这可是中国国画百年巨匠，'东方毕加索'张大千的珍贵遗作！"浓密的络腮胡似乎并没有挡住这位慕义青年的兴奋之表，他温润的眼神轻抚画卷，仿佛注视着他挚爱的孩子。随后，郭威廉将他在圣保罗艺术博物馆调查的情况告知了奥林达馆方：此卷于1966年由张大千本人捐赠给圣保罗艺术博物馆，而后不久，随同圣保罗博物馆创始人阿西斯发起的"地区博物馆计划"与一批藏品一同捐给了位于奥林达市的伯南布哥现代艺术博物馆。而郭威廉此行，则正是为寻大师遗迹而来。

走出奥林达现代艺术博物馆的大门，郭威廉的心被愁云欢雾笼罩着。愉悦的是能够有幸作为大师之作的发掘者，忧愁的则是为20世纪五六十年代的巴西，在工业革命的欣荣中，二战结束的机遇下，却对现代艺术发展和交流的熟视无睹而惭愧。微风轻拂耳面，他一步一步缓缓走着，思绪纷飞。

（二）发展历程

郭威廉是一个典型的巴西小伙，自小在家乡慕义镇（Mogi das Cruzes）出生成长。故乡肥美山水养育故乡情，他对这片土地爱得深沉而又热烈。当还是一个懵懂小男孩之时，郭威廉便从家里长者口中听说过张大千。这位来自地球另一端的"东方毕加索"，曾于20世纪五六十年代，携妻带子，在慕义镇卜居近20年，宛然一位同山同水的老乡。小小的郭威廉听得入迷，故乡的青山绿水，竟然与如此巨匠有着亲密的关联，而观瞻大师充满异国风姿的照片，则更让他感到一种奇妙的缘分

---

① José Eliane, "Os 120 anos de Chang Dai – chien," O Diário, maio 5, 2019, http://www.odiariodemogi.net.br/os – 120 – anos – de – chang – dai – chien/.

在心底弥散开来。

1996年,郭威廉刚进入大学的新闻学专业学习,便迫不及待地一头埋入研究张大千之路。他翻遍了图书馆,尽已所能,利用大学所学去采访与张大千有关的人士。结合张大千诸多亲眷口中的数语详描和为数不多的书籍涉及,以及诸多在他努力之下所获得的信息来源,大师的形象在郭威廉的心中日渐丰满。研究张大千的过程中,郭威廉发现一个悲伤的事实:大师在慕义栖身二十载,而这二十年正是张大千艺术创作的最高峰。可惜动身离去后,留下的作品却寥寥无几。如同那大师倾心所筑的八德园一般,都沉入了容迪亚伊河水的最深处。① 郭威廉拼尽全力去搜集相关的消息,只从大师最怜爱的外孙女口中得知,应有部分亲眷还藏有其赠画,却再难探其细情。于是郭威廉转向整个大圣保罗地区,甚至整个巴西,才终于得到了文章开头这般令人可喜的成果。

再回首已是十年有余,这十年期间,郭威廉潜心治学,通过收集、采访、研究等多种方式,全方位地收集张大千当年在巴西留下的印记以及至今其所带来的影响。在获得硕士学位后,郭威廉开始计划撰写一本有关张大千在巴西的书,他迫切地想要向大家宣传这位百年巨匠在巴西的经历。今大师已逝数十载,而还有成千上万的巴西人心中并无这盏明灯。他隐隐感到肩上担负着一种前无古人,后无来者的责任感。是慕义镇这片土地让他与大师的灵魂跨越时空,契合在一起。而结合郭威廉收集数年的相关信息,大师身影跃然纸上。昔日乡情浇筑了八德园,今时郭威廉也愿为自身的乡恋做些什么,他决定,出发去万里之外的四川——张大千故园所在地。

---

① 八德园之所以沉入水底,是因为圣保罗州彼时拟在园址兴修大型水库,而水库的规划图纸正好覆盖了近乎整个园区,这也是大师最后移居美国的直接原因之一。

（三）故事结局

成都的冬天有些阴冷，郭威廉虽出生于南美热带国家，却全无不适之感。一下飞机，他内心突然涌出一股暖流。这似乎是命里注定的相遇！眼前这座初次造访的城市竟带给郭威廉一种久违的熟悉。他保持一贯沉静的面容，心绪却欢欣鼓舞。他珍视踏在这片土地上的每一步，这让他感到与大师步调相谐。那种联结，在这片喜食火辣的人民生活的热土上，似乎正迎着冬日熊熊燃烧。

2017年12月6日，纪念大风堂建立九十一周年暨成都揭幕仪式在蓉城召开，郭威廉作为嘉宾列席。时张大千众后人、徒子徒孙及相关研究领域的专家学者齐聚一堂，席中不乏郭威廉采访过的熟悉面孔。身处异域，耳边尽是异国语调，郭威廉却有如鱼得水之感。在巴西，他是为数不多的张大千研究学者之一，漫漫数十载对大师的研究，必然有自觉孤独的瞬间。而此刻，人人都是知己，众人因张大千而相聚，而耳畔萦绕的，是大师一直以来坚持说的川话乡音，郭威廉沉醉的面容也被照相机忠实记录了下来。

几日后，2017年12月11日，郭威廉乘车前往四川内江，以巴西张大千研究学者、巴西坎皮纳斯大学研究员身份参与在内江师范学院大千中心举办"张大千与巴西"学术研讨会，这正是他此行来华的目的所在。

这次研讨会，相较五日前的大风堂纪念仪式，则更具学术规模。张大千后裔、大千中心研究员范汝愚、内江师范学院办公室、科技与学科建设处、《内江师范学院学报》编辑委员会成员、张大千美术学院及四川张大千研究中心专兼职研究员，内江市民间文艺家协会观赏石专业委员会黄先成会长等相关人员近20人参加了研讨会。会议由四川张大千研究中心主任罗宗良主持。身处这个张大千故里高校的一隅，郭威廉凝神正气。自大学毕业以来，他一直都从业于高校相关行业，这使他又一次感到亲切而熟悉，而此次正是他向中国研究学界展示和交流张大千在巴西相关研究情况的绝佳时机。

郭威廉首先播放了两段珍贵的视频，这两段视频是他经由多年的采访寻探所得。视频展示了1952年张大千初到阿根廷、巴西的情况和张大千生活、展览的场面。厅内众声皆寂，大家都静静地观赏着，赞叹着，为能在今日看到如此清晰而真切的大师身影而庆幸。这种超越文字的画面，使得在座的各位早已随郭威廉梦回慕义，同大师漫步于八德园中。

视频结束，意犹未尽的诸位学者纷纷同郭威廉展开交流。沟通内容包括诸多学术议题，如"张大千在巴西的基本情况""张大千与巴西画坛或绘画是否相互有影响""郭威廉等巴西艺术界人士如何评价张大千""张大千于巴西画坛的融入或地位"，以及"内江师院与巴西坎皮纳斯大学美术方面是否可能延伸合作"等。郭威廉越来越感觉到这次中国之行的必要之处。出发前，这次来访中国，在他心目中仿佛是对他这二十年来对张大千在巴西研究治学的交代，他曾希望他对于大师之痕的渴求能够在大师出生之地奏响最激动人心的终结章。然而此刻，一种直觉渐渐占据了他的内心。已来中国近一周，郭威廉了解到张大千在巴西的研究在中国学界之稀缺，一如张大千艺术在巴西的传播之稀缺。

这并不是一切的结束，而恰好是一个开端，会议依然如火如荼地进行。郭威廉告知众人，据他数年寻访信息，张大千在巴西、阿根廷、南美等地区举办过多次展览，而他本人则采访过张大千四十多位家人。根据他所掌握的情况，他认为张大千不仅是一位伟大的艺术家，也是个很开放通达的人。临近结束，张大千研究中心主任罗宗良代表承办方向郭威廉赠送了研究所需的珍贵资料——张大千编《大风堂名迹》等，并向其颁发了张大千研究中心研究员聘书。郭威廉向张大千研究中心赠送了他这二十载来所研究的一切有关张大千与巴西的珍贵资料，希望这些他视如珍宝的材料，能够为中国研究张大千学界带来信息和灵感，而更进一步，则是希望以此为开端，展开中巴张大千研究合作，乃至中巴文艺界研究合作之路。

回程路上，郭威廉一时感动至极。他研究中国文化，自小热爱中国艺术。这一切的根源便是来自他一直视为半个甚至整个的"老乡"——百年巨匠张大千。异国的身份和时光的跨度并没有拉开他与大师灵魂的距离。人与人，若能心灵相触，便能跨越一切的重阻。而人与大地，相依相和，这便能打破一切时间、距离和文化差异的桎梏。郭威廉望着车窗外淅沥的小雨，车外的本应陌生的景色仿佛一刹那变为万里之外的慕义老家，让他无比安定。他仿佛看到张大千在蒙蒙雨雾中穿行，依然是蓄着白髯，身着长衫，手执木制手杖，只是他的爱猿仿佛得了仙法，竟在其身旁顽皮地飘飞。此刻，看到张大千笔墨一泼，洒出千万五彩虹色，半空中猴儿乖巧地推动这些虹色直向那西方联结而去，而那彩虹巨幕下，就是多彩巴西，故乡慕义！

研究张大千在巴西之经历依然道阻且长，但郭威廉明白，行则将至，自此，他再也不是孤军奋战。在地球的另一端，有那么一大群知己学友与他同甘共苦，而张大千研究中心研究员的新身份，则时刻推动着自己在巴西的研究事业。他衷心希望，未来的巴西人民能在他的绵薄但坚定的力量影响下，完整而全面地了解百年巨匠张大千在慕义土地二十载的故事。他默默许愿，只待中巴文艺交流日新月异，祝福中巴友谊源远流长。

二、故事解读

(一) 张大千与八德园

张大千，名爰，字季爰，号大千，别号大千居士，1899年出生于四川内江，是中国著名的画家、书法家。早年师承石涛、八大，深得古法精髓，清新俊逸；中年面壁敦煌，画风趋于丰厚，瑰丽雄奇；晚年笔力臻于化境，泼墨泼彩，苍浑渊穆[1]。20世纪50年代，张大千游历世界，传播国画精髓，纳取各地风格，创作了被西方归为表现派抽象主义的"泼墨泼彩"新式画法，获得了巨大的国际声誉，被誉为"东方之笔"。而"泼墨泼彩"之妙法则正是张大千卜居巴西圣保罗州近二十年间所创。

游历世界期间，张大千携家眷弟子，乃至其爱猿，旅居三大洲，在全球艺术的重要据点旅行并展览，足迹遍布巴黎、伦敦、洛杉矶、圣保罗、门多萨、中国香港、东京以及中国台北。而后迁居阿根廷布宜诺斯艾利斯，居室名"昵燕楼"，后来，由于移民手续没有音讯，侄子张心德过世更令大师心碎，遂决心迁居巴西。

张大千与巴西之缘颇有意趣。还在阿根廷索居期间，张大千曾多次去美国举办展览。其中一次，回程航船在里约中转之时，他爱上了目及所见的迷人风光。1953年，大师再次路过巴西，恰与一位蔡姓旧友重逢，遂告之，友人道："既然你初见里约，如此欢喜，为何不去慕义镇

---

[1] 佚名：《寻访八德园记》，《深交所》2007年第1期，第59—61页。

看一看？慕义是一座小城市，山水极美，却又不似里约这般炎热。"①于是接下来一段时间，张大千出发前往慕义镇，暂居郊外一位来自中国澳门的贺姓朋友的农场里，这座农场位于郊外大溪堂街区（Capela do Ribeirão），即今日的太雅苏贝巴区（Taiaçupeba）。一天下午，张大千到农场附近山坡散步，远眺雨后云天，一抹晴翠，眼前景色颇似故乡成都平原。思乡之情油然而生。他手指下面一片种满柿子树、桉树和玫瑰的意大利庄园，脱口吟出"雨过天青云破处"。② 幸运的是，此地主人恰准备出售庄园，张大千在朋友的劝说下，便以当时的80万巴币买下这处总面积为14.52万平方米的园林，作为长期卜居之所。

张大千买下地后，暂居慕义镇中心，先后迁居两次，分别位于伊莎贝拉布拉冈萨公主街（RuaPrincesa Isabel de Bragança）和桑塔纳街（Rua Santana）。其间，他参照苏州、北京等地名园，历时3年，几乎耗尽卖画所得巨资，建屋辟径，挖湖筑亭，积土造山，收罗各种玲珑怪石，遍植由海外移来的奇花异木，还养了猿、鹤等珍禽异兽，苦心经营近3年，终于在慕义这片可爱的土地上造出了一座与其主人异域风情面貌一致的东方园林——八德园。以"八德"命名，据说来源于园中的柿子树。唐朝段成式《酉阳杂俎》中说，柿有七德：一长寿；二多阴；三无鸟巢；四无虫；五霜叶可玩；六可娱嘉宾；七落叶肥大可供临书；再加上张大千所说的：柿叶煎水可治胃病（一说可入画），共八德。故将此园称作"八德园"。③ 慕义镇气候温和，风景宜人，成为此后张大

---

① Gorgulho Guilherme,"Osdoislados da genialidade de Chang Dai – chien,"Folha de Londrina, setembro 18, 1999, https：//www.folhadelondrina.com.br/folha – 2/os – dois – lados – da – genialidade – de – chang – dai – chien – 201172.html.

② 黄志良：《青山无限好，犹道不如归——张大千巴西故居寻踪》，《世界知识》1994年第13期，第24—25页。

③ 黄超文：《张大千巴西故居寻踪》，《中国地名》2005年第5期，第14—15页。

千隐居之佳所，一直到1973年。

值得一提的是，张大千费心劲力以筑八德园一举，虽可见其思乡情切，但却为其几年后眼底蔓延开的疾病埋下了祸根。20世纪50年代末，他眼疾渐渐加重，早年擅长的工笔画也力难从心。在南半球明媚的阳光下，大千的作品逐渐转向光线和色彩的表达。他开始尝试在画面中大面积用色，笔端所用的颜料也更多是浓郁的石青石绿等矿物颜料。一说其天才般的"泼墨泼彩"画法的诞生竟是由此因缘，真是千头万绪终集于八德一园，大师身影与慕义镇早已水乳交融，不分彼此。

张大千在八德园创作的大量山水画中，有两幅巨著尤为传世珍品，分别是1968年为庆贺他的老乡张群八十华诞所绘一幅高1.5尺、长4.6尺的大手卷《长江万里图》和1969年4月为祝贺其至交、老同宗张目寒七十寿辰画的《黄山图》。大师作这两幅画时并无草稿，只凭过去游江登山的记忆，可谓胸中自有丘壑。此外，他还画了《四川资中八胜》和《思乡图》等。张大千在品味这些意境深远的青山绿水之中寄托了无限的乡思乡情。①

八德园可谓是张大千在巴西近二十年的最佳见证。大师卜居慕义最后的几年，遥闻圣保罗州打算在八德园址处兴建水库，便收拾了行装，全家搬去美国。可预料的水库却在数十年后才开建，将八德园淹没。也因此，这座在整个美洲规模最宏大的东方庄园自主人离去之日便走上了一颓不振之路。水库尚未淹没八德园的那些年，园中中国花卉、草木、盆栽无不衰败，五亭年久失修，唯有当时引入的东方松树和竹林野蛮生长，倒还生机勃勃、郁郁葱葱，以最自然的方式记录下了大师的痕迹。园中心的主楼大风堂也早已人去楼空，只有画室中曾豢养大师爱猿的铁

---

① 黄志良：《青山无限好，犹道不如归——张大千巴西故居寻踪》，《世界知识》1994年第13期，第24—25页。

窗棂还向世人诉说着些什么。而再晚一些，由于圣保罗州彼时拟在园址兴修大型水库，而水库的规划图纸正好覆盖了近乎整个园区。昔园已沉入水波深处，成为如亚特兰蒂斯般的传说。

（二）郭威廉探索大师历程

郭威廉，原名古伊列梅·戈尔古略·布拉什（Guilherme Groucho Braz），出生于巴西圣保罗州慕义镇（Mogi das Cruzes）。1999年本科毕业于巴西布拉兹·库巴斯大学（Universidade de Braz Cubas）社会传播新闻专业。2013年，硕士毕业于巴西坎皮纳斯州立大学（Universidade de Estadual de Campinas）语言研究学院新传高端研究实验室的科学文化传播专业。目前为巴西坎皮纳斯大学发展基金会记者、编辑，张大千研究学者，四川张大千研究中心研究员。

郭威廉自小生活在慕义镇，对张大千曾卜居家乡二十载的故事早有耳闻。进入大学时代，郭威廉便利用采访、文献以及记录参阅等多种方式，收集有关大师在慕义镇，乃至在巴西所留下的一痕一迹，至今已有二十载。其间，他在巴西采访张大千亲眷后裔以及熟识相知近四十人，[①] 为了能够更深入地展开研究，他还在2013年获得坎皮纳斯州立大学的科学与文化传播硕士学位。除了收集资料以外，郭威廉还在巴西发表了多篇有关张大千在巴西的文章和报道，如《中国"毕加索"生活中的巴西》（O Brasil navida do 'Picasso da China'）[②]、《中国"毕加索"

---

① Lira Natan, "Libby Lee: 'meu avô, o pintor Chang Dai Chien'," O Diário de Mogi, julho 23, 2017, http://www.odiariodemogi.net.br/libby-lee-meu-avo-o-pintor-chang-dai-chien/.

② GorgulhoGuilherme, "O Brasilnavida do 'Picasso da China'," Jornal da Unicamp, dezembro, 2013, pp.6-7.

和他的徒弟》（O'Picasso' chinês e seu discípulo）①、《离去二十载，中国"毕加索"在巴西依旧小众》（"Picasso chinês" continua obscuro no Brasil 20 anos após sua morte）②、《张大千才华的两面性》（Os dois lados da genialidade de Chang Dai – chien）③ 等。而今，郭威廉正在撰写一本有关张大千的书，同时，还参与了华裔电影家、旧金山大学教授张为民（音译）导演的"大千——沧海一粟"（A Grain of Sand）纪录片的制作。他为这部纪录片提供了张大千在巴西留存的珍贵音视频资料以及相关采访资料。

郭威廉半生寻张大千，访张大千，研究张大千，采访张大千后人和熟人，其中，以张大千的外孙女李绪莹与其关门弟子孙家勤为代表。郭威廉读研期间结识的汉学家雷特教授（José Roberto Teixeira Leite）④，也给予他很大的帮助和指导。除了这些采访和研究，最令郭威廉引以为豪的事则是他对已是匿名藏于圣保罗艺术博物馆的《瑞士胜概》和南大河州鲁本贝塔美术馆（Pinacoteca Ruben Berta）的《沿河闲步赏李》（Passeio ao Longo do Rio Apreciando as Flores das Ameixas）进行了抢救性搜寻，为这两幅大师遗作带来了鲜活的历史故事和可信的官方鉴定。其中，圣保罗艺术博物馆由巴西著名收藏家、企业家、巴西电视广播业先

---

① Gorgulho Guilherme, "O'Picasso' chinês e seudiscípulo," Parceria Brasil China, outubro 1, 2005, pp. 28 – 29.

② Gorgulho Guilherme, "Picasso chinês' continuaobscuro no Brasil 20 anosapóssuamorte," Folha de São Paulo, outubro 24, 2003, https：//www1.folha.uol.com.br/folha/ilustrada/ult90u38165.shtml.

③ Gorgulho Guilherme, "Osdoislados da genialidade de Chang Dai – chien," Folha de Londrina, setembro 18, 1999, https：//www.folhadelondrina.com.br/folha – 2/os – dois – lados – da – genialidade – de – chang – dai – chien – 201172.html.

④ 何塞·罗伯托·塔克薛拉·雷特（José Roberto Teixeira Leite），巴西里约人，1930年8月出生，巴西坎皮纳斯大学艺术学院教授，巴西著名新闻工作者、策展人、专家、作家、历史学家和艺术评论家。

驱、巴西现代艺术赏析大师阿西斯·沙托布里昂（Assis Chateaubriand）牵头设立，始建于1947年，位于圣保罗市中心四月七号大街的《联合日报》总部。而鲁本贝塔美术馆，位于阿雷格里港（Porto Alegre）也与阿西斯这位伟大的艺术收藏家有着千丝万缕的关系。1967年，鲁本贝塔美术馆在《联合日报》的支持下开馆。谈及《联合日报》，其实也是阿西斯麾下的重要产业。而鲁本贝塔美术馆则正是当时阿西斯"地区博物馆计划"的重要组成部分之一。不过后来，阿西斯于1971年将此博物馆捐给了鲁本贝塔市政府。已寻正主，除了感激阿西斯这位已逝的艺术保护者外，两幅佳作也终可在以上两座博物馆发挥其应有的传扬大师风范的作用，令人欣慰。

（三）还原真实的张大千在巴西经历

根据当地寥寥的记载，大师在八德园避世隐居。但根据对其亲属和熟人的采访报道，张大千其实在19世纪五六十年代与巴西本地有过很频繁的互动。[①] 一些年节，他会在外面待半年，在八德园住半年。同时期还参加了许多本地艺术活动，比如1961年，在伊比拉普埃拉公园参展圣保罗第6届国际艺术双年会；1966年，在圣保罗艺术馆、里约美术国家博物馆办展；1971年，在圣保罗现代艺术馆举办展览。除此之外，他还在圣保罗市的一些画廊展示过他的画作，这些画廊有：大门廊（O Atrium）（1968）、切尔西（Chelse）（1971）、大画廊（A Galeria）（1973）。[②] 但似乎俱是雁过无痕，他的大部分作品留存在亚洲、欧洲和

[①] Lira Natan, "Libby Lee: 'meu avô, o pintor Chang Dai Chien'," O Diário de Mogi, julho 23, 2017, http://www.odiariodemogi.net.br/libby-lee-meu-avo-o-pintor-chang-dai-chien/.

[②] Gorgulho Guilherme, "O 'Picasso' chinês e seudiscípulo," Parceria Brasil China, outubro 1, 2005, pp. 28-29.

美国大型博物馆。只有一些他在巴西的朋友和亲戚留有他的画作，而曾收藏在巴西一些博物馆的张大千画作则基本都以匿名示人，遗失了来源。

大师在巴西痕迹不深的根源，自成两派。一说由于大师离群索居，超然世外，过于传统的思维，限制了其在巴西的艺术传播，但这类原因与对其亲眷后代的采访稿相互矛盾。又一说指当时巴西正处于工业革命最兴盛的时期，巴西举国似乎都对文艺界，尤其是创新派的现代艺术不是很上心。[1] 那时的巴西绘画界，几近全被古老的学院派占领，而学院派对东方文化艺术也并不具很浓厚的兴趣。此时正值第二次世界大战结束，百废待兴，艺术藏品价值遭遇低谷。以阿西斯为代表的巴西现代艺术推崇先驱借此良机，购入了许多不被当时巴西人所领会的佳作，同时修建相关博物馆，开办艺术学校，大举支持相关领域的大师豪杰办展宣传，张大千就是其中一位。这一切，才使得今日的巴西人民能够有幸观赏到分别藏于奥林达现代艺术博物馆以及南大河州鲁本贝塔美术馆的《瑞士胜概》和《沿河闲步赏李》两部佳作。

正如巴西著名的艺术史学家雷特教授所说："巴西作为西方世界的一大部分，曾忽略过中华艺术的瑰丽奇特。张大千这位20世纪的文艺巨匠在巴西的经历其实并不是非常知名，而巴西本地对中国文化深层理解的缺乏更是这一切的背后原由之一。"[2]

雷特教授退休于坎皮纳斯州立大学艺术系，是巴西著名的中国文化学者。这所大学也正是郭威廉就读科学文化传播硕士的所在地。雷特教

---

[1] Gorgulho Guilherme, "O Brasilnavida do 'Picasso da China'," Jornal da Unicamp, dezembro 2013, pp. 6-7.

[2] GorgulhoGuilherme, "O Brasilnavida do 'Picasso da China'," Jornal da Unicamp, dezembro 2013, pp. 6-7.

授予1999年出版了《中国在巴西》（A China no Brasil）[①] 一书，其中特列出一章来讲述有关张大千的故事。[②]

三、郭威廉溯源大千对中巴双边关系的促进

大师乡情浓厚至深，举世罕见。而今，张大千辛苦凝结的代表思乡之意的八德园，则与慕义人郭威廉对家乡的归属感之间，形成了跨时代的灵魂契合。让半个多世纪前的故事，在崭新的巴西大地重焕新颜。而故事之外的故事，则是人与大地的联结，故土与情感的羁绊。郭威廉，是千千万万慕义人中的一员，他手捧寻到的大师之痕，不辞辛劳，日夜兼程，才使得大师在巴西的二十载历程尽量还原。

近年来，中巴双边关系走上了一个新的历史高度。本故事以一个巴西人的经历为缩影，一来，回顾大师浪迹海外之时对祖国的思念和热爱，二来，将视角迁至当下，诉说以溯源大师为缘由的、中巴文艺界以及中巴民间的亲密来往。更深层次来说，郭威廉连同自身对其祖国的眷恋以及张大千的巴西经历，将巴西人民和中国人民的心连在了一起，有声地促进了中巴文艺界的交流，无形地推动了中巴友好关系的发展，这是弥足珍贵的一点，也是笔者选择郭威廉作为故事主人公的原因。笔者分促进路径和方式对此进行以下总结：

[①] 《中国在巴西》（A China no Brasil），巴西著名汉学家雷特所著，1999年由坎皮纳斯大学出版社出版。该书对从巴西被殖民时期至今300年间中国对巴西的影响进行了全面研究，尤其是文化和艺术方面。

[②] Gorgulho Guilherme, "O Brasil na vida do 'Picasso da China'," Jornal da Unicamp, dezembro 2013, pp. 6–7.

（一）促进中巴文艺界交流

"大千泼彩"对艺坛所曾产生的强烈冲击，与20世纪中叶全球范围内如火如荼的前卫艺术运动遥相呼应，产生共鸣。当同时期的西方艺术通过与传统决裂达至新生时，张大千却从中国传统艺术中提炼精华，孕育出其独特的泼彩风格。其于巴西创作的泼墨泼彩风格一经面世，就以其明亮绚丽的视觉冲击力，改变了20世纪中国艺术的发展格局，成为20世纪后半叶中国艺术发展中最闪耀的明珠之一。[1] 虽说那时巴西也有如阿西斯一般的慧眼识珠之士，引领前卫艺术运动，毕竟没有形成中国国画在巴西的深厚影响。但大师卜居二十年岁，并从中生成了万千羁绊，将最终以伟大的"大千泼彩"为导向，无声而或有声地向巴西人民诉说那曾经的故事。作为泼墨泼彩画法诞生地的巴西，必将有无数仁人志士以此为契机，增进中巴文艺界的沟通和探索。郭威廉对张大千在巴西的艺术痕迹"抢救性"的发掘，就是其中的一个典范。

2017年底，应巴西驻中国大使馆文化助理孙雨晨女士相邀，郭威廉前往中国四川进行学术访问。这期间，他参与了纪念大风堂建立九十一周年暨成都揭幕仪式，以及在四川张大千研究中心举办的"张大千与巴西"学术研讨会。为国内研究张大千在巴西提供了珍贵的材料，并荣任四川张大千研究中心研究员。一年半后，郭威廉再次受邀去大千中心参与学术交流，为相关研究带来最新的进展报道，[2] 并发表了以"张大千与八德园在巴西"（Zhang Daqian e o Jardim das Oito Virtudes no Brasil）

---

[1] 吴阳：《张大千泼墨泼彩艺术研究》，湖南师范大学2012年硕士学位论文。
[2] 《大千中心举办："张大千与巴西"学术研讨会》，内江师范学院，2017年12月13日，http://zdqzx.njtc.edu.cn/content-c59711b9870c45379fcd4b4102b7ad8f-52a930055fbd6ef701604d8b8c472fb1.html。

为题的学术演讲。①

郭威廉认为，"很多巴西人都没有意识到张大千的伟大价值"。因此，在研究张大千在巴西的这条路上，他步伐越发坚定，目的明确，那就是向所有的巴西人介绍张大千，让他们熟知这段张大千在巴西的历史，进而向全巴西人民推荐张大千泼墨泼彩艺术，推介中国国画艺术，乃至博大精深的中华文化。

历经二十年的日月，从相关记载中我们可以得知，张大千居八德园期间，作画无数，留宝万千。相信除了"泼墨泼彩"技法本身，大师必定还留下无数文艺界的"珍宝"待后人探寻，比如"八德园"、《万里江山图》等。中巴文艺的交流碰撞已不是新鲜话题，希望两地日后会有更多如郭威廉一般的有志之士出现，共同推进相关方面的研究和发展。

（二）推动中巴民间往来

20世纪五六十年代的慕义人犹记，在城中的某处偶遇一中国家庭，为首的是一位老者，身穿异国特色长衫，蓄有豪放白髯不似寻常，持手杖昂首慢步。紧随其后有其亲眷、弟子和家丁，除此之外，其肩头一只长臂猿猴着实吸引眼球，好奇的南美小孩儿们成群结队，瞪大了圆圆的双眼，巴望着行动迅捷的猴儿，好不好奇。

虽说卜居之时未能对慕义本地巴西文化环境造成深刻影响，但因慕义本地老乡好友众多，张大千便也积极参加华侨社会活动，在巴西华侨美食、文艺、文化传承方面留下诸多珍贵遗产。以饮食为例，慕义本地的中国餐馆就纳入了许多当年以"大千美食"为声名的美味佳肴，据

---

① Curriculum vitae do, "GuilhermeGorgulhoBraz," escabador, junho 27, 2020, https: // www.escavador.com/sobre/5137431/guilherme – gorgulho – braz.

说菜谱确为大千本人所作。这些保有"大千风味"的痕迹，扎根巴西华人社区，尔后渐渐对本地的饮食文化起到了相应的影响，可以说从"民之根本——食"的层面促进了中巴民间交流。

张大千离巴后，留下一对子女和关门弟子孙家勤在圣保罗州。孙家勤目前在圣保罗大学中文系任教，同时也是巴西华人社会的著名画家。这些大师后人在巴西华人社会有着举足轻重的地位，在华侨界宣传大师、弘扬中华文化，对唤醒民族认同方面起到了至关重要的作用。俞钟烈就曾置评："日后与他有过较长的相处，使我一向对中国传统文化冷漠的态度也逐渐转变，对祖国重新获得了认同。"①

可以说，侨民是连接中巴民间沟通的最有效的桥梁。侨民群体，尤其是二代以后的侨民群体，自带多元文化成长背景，其所具有的视野和高度弥足珍贵。张大千迁居巴西，不仅为中国国画艺术宣传事业做出了巨大贡献，更是为远离故土的华人带来了家乡文化卓然于世之音，为中华文化的传扬做出了积极的示范。他的存在和影响，从华人社区出发，正渐渐蔓延到整个巴西，为本地人民带来了中华传统文化之美，进一步来说，更为海外中华儿女带来了伟大的民族自信和文化自信。这对推动中巴民间关系具有跨时代的意义。

大千在半世纪前，携家带口，身体力行地为中巴民间来往做出了贡献。无论是在饮食、传统还是艺术层面，而所有以上几点，都在郭威廉与巴西侨界采访互动后得到了深化。而侨界作为中华文化和巴西民间的碰撞沟通之所，在经由大师风范渲染后，在未来将会从根本上，以最直接、最基层的方式促进中巴民间亲切来往。

时至今日，中巴双方关系发展到一个新的高度。中巴两国，虽然地

---

① 李伟：《国画大师张大千故园情深似海》，《文史春秋》2001年第4期，第47—51页。

理距离遥远,却有惺惺相惜的兄弟之谊。文艺界作为一个阳春白雪的领域,虽然未能在大师尚在的20世纪五六十年代建立起中巴文化沟通的桥梁,但大师之痕确乎为今天中巴友谊之花埋下了种子。而浇灌这颗种子的重任,不仅落在每一个慕义人的头上,也落在中巴交往桥梁上的每一个普通人心里。

(三) 助力中巴文化交融

郭威廉并不是一个以大师名声居奇而显的浮浅之人。从他二十载潜心研究张大千,研究中华文化,就可以得知。他的身影频繁出现在八德园旧址,出现在大师后裔和本地华侨之间。他的研究不止于观察,还加以沟通,他的文章不单单是简单的记录,更多的则是导向。这也许与他的记者身份有关。他呼吁巴西人民去切身了解感受张大千,正如雷特教授呼吁巴西学界重视中华文化一般。可以说,他是一个宣扬中华文化的布道者。

张大千曾提及自己侨居巴西的两大理由:"一是我看中了这里极像我的故乡成都平原的风景,更主要的是,我要在没有中国文化的地方,去宣扬中国文化。"他又说:"我所有的仅是几支羊毛笔,我就靠手中这支笔,玩弄乾坤,为中国艺术在海外打天下。"而他那挽袖挥毫、落笔拂须的神态,确也堪称一位表里相符的"中华文化大使"[1]。而如今,虽大师已仙逝,但大师之形长存。

郭威廉以母语葡语的优势,继承大师衣钵,建立起巴西人民心中大师与慕义之间的联结,吸引巴西人民对中国文化的学习和探索,真正促进了中巴文化的深层交融。郭威廉是研究张大千大军的一员,也是真正

---

[1] 《寻访八德园记》,《深交所》2007年第1期,第59—61页。

身至华夏大地开展相关科学研究的可敬之人。目前，巴西大地涌现出一批研究、传播、弘扬中华文化的人士，而张大千在巴之经历则完全可以作为中巴文化深层互动的基石，传颂千年。这种心灵层面的契合，辅以历史的沉淀和双方的互推，会弥补彼时巴西工业革命期间与中华文化的失之交臂，是中巴文化深层交融的最佳着力点。

四、总结

近年来，随着"张大千热"再次出现在世界舞台上，巴西本国涌现出许多有志之士，他们对大千在巴西期间的经历进行了数十年细致的挖掘研究，来弥补巴西当年工业革命期间对创新派现代艺术和国外艺术的忽视。笔者认为，这同时也应是传播中华文化的绝佳时机，张大千以身卜居巴西数十载，这在心理上便拉近了中国文化与巴西人民的距离，若能以此为契机，在文艺互通的基础上，尽心尽力为巴西文艺界有志之士提供研究张大千的各方材料，同时身体力行，从中方的角度加大对于张大千在巴西这一段传奇经历的研究力度，双剑合璧，必能为拓宽中巴文艺界友好交流之路提供助推，从而深化双边友谊。

2014年，习近平主席对巴西进行国事访问期间，在巴西国会的演讲《弘扬传统友好，共谱合作新篇》中指出，"中国国画大师张大千曾旅居巴西17年，在他居住的八德园画出了《长江万里图》《黄山图》《思乡图》等传世珍品……中巴人民在漫长岁月中结下的真挚情谊，恰似中国茶农的辛勤劳作一样，种下的是希望，收获的是喜悦，品味的是友情。"随着近年来中巴关系的推进，双方学者和民众都在竭力为各方面的沟通交流创造机会。张大千这位比肩毕加索的艺术大师，则自成桥梁，不仅是摩吉人（Mogi，是巴西郭威廉的老家和张大千之前生活过的地方，音译为摩吉）和四川人之间，更是中巴友谊桥梁的点缀之花、点睛之笔。我们期待在巴西出现更多像郭威廉一样的友好人士，踏着大师曾走过的路，为中巴文艺界沟通交流助力，为中巴民间关系推心，为中巴文化交融协理，从而最终为促进中巴双边关系添砖加瓦！

足球：中巴友谊的桥梁

欧阳骏[*]

1988 年，时任巴西总统萨尔内访华，在萨尔内与邓小平的这次历史性会晤中，双方提出了 21 世纪将会是"太平洋世纪"和"拉美世纪"[①] 这种富有远见的共识促成了中巴两国关系由此走上快速发展的轨道。人文交流通常包含人员交流、思想交流和文化交流三个层面，目的是促进各国人民之间相互了解，实现区域文化共性与个性的协调。[②] 通过沟通和交流，追求情感和文化上的理解与认同，并将此转化为具有亲和力和感召力的柔性力量。同样，人文交流也是实现民心相通的重要途径。在现代国际关系体系中，"人文交流"是仅次于政治安全合作、经济贸易合作后推动国家间关系发的第三推动力。[③]

在中巴两国人文交流的故事中，足球是离不开的话题，两国在足球领域进行着广泛的合作。同时，两国领导人同样十分重视足球领域的交

---

[*] 欧阳骏，重庆人文科技学院。
[①] 周志伟：《中巴关系：历史回顾与展望——纪念中国巴西建交35周年》，《当代世界》2009 年第 8 期，第 55 页。
[②] 许利平、韦民等：《中国与周边国家的人文交流》，时事出版社 2015 年版，第 4 页。
[③] 乌兰图雅：《"一带一路"背景下中国与周边国家的人文交流机制》，《东北亚学刊》2016 年第 5 期，第 18 页。

流。2019年10月24日,巴西总统博索纳罗访华期间,出席了在北京举办的中国巴西足球交流中心的成立仪式。在成立仪式上,博索纳罗总统对中巴足球交流中心的成立表示了祝贺,他表示中巴两国拥有许多独特的合作机会。[1]

一、中巴足球交往故事

人文交流是双向的,既要在人文领域让外国理解本国,又要让本国理解外国,这样才能达到"民心相通、文明互鉴"的目的。因此,人文交流是包含"走出去"和"请进来"两个同时发生的进程。[2] 中巴两国的足球交往也是由"走出去"和"请进来"双向路径构成的。中国方面,中国足球队为了培养他们的后备人才,将青年队伍派往巴西接受高质量的足球训练。巴西方面,巴西作为当今世界的足球王国,为包括中国在内的世界各大联赛输送着大量高水平足球运动员的同时,也带去了先进的足球理念、培养体系和管理体系。在这种双向路径下的中巴足球交流发展迅速,并且同样取得了许多重要的成果。

(一) 中国青训队在巴西

1. 鲁能巴西体育中心

随着中超在近年来的快速发展,在世界上的关注度也得到了显著提

---

[1] 《中国巴西足球交流中心成立》,新华网,2019年10月24日,http://www.xinhuanet.com/sports/2019-10/24/c_1125149124.htm。

[2] 俞沂暄:《人文交流与新时代中国对外关系发展——兼与文化外交的比较分析》,《外交评论》2019年第5期,第40页。

高。中国球队加大了对培养后备人才的投入，而这些球队无一例外会将这些后备人才送去海外。在这些"留洋"目的地中的首选必然是"足球王国"巴西。

2014年7月，鲁能泰山队巴西体育中心正式成立，成为了中国足球队首个海外青少年后备训练基地。自2014年起，鲁能足校先后选派出了8支队伍、共200多人次赴青训基地进行训练和生活，其中有约10人被征调进入中国国青队。鲁能巴西训练基地占地16万平方米，有7块训练场地，综合楼建筑面积4000平方米，包含球员公寓、办公室、食堂、力量房、康复理疗室、球员活动室等，最多可容纳192名球员。在这里，来自中国的青少年球员，每天都接受着巴西本土专业的教练员的训练和指导。从周一到周五，球员们都会训练，每周还会安排两次中巴球员混合训练。周末，教练组还会安排他们观看巴甲联赛。为了让小球员们能够更好地融入巴西，同教练及巴西球员交流，训练基地还安排他们在周一和周三的上午去当地学校学习葡语。[①] 对于训练，小球员们普遍觉得在巴西的训练无论从强度上还是在节奏上都是在国内所达不到的，为了能跟上外教的训练节奏，必须每天更加努力的投入训练。巴西教练对于这些小球员的努力训练表示认可，并且认为足球是国际语言，通过两国在足球领域的交往，一定能带动两国在其他领域的交往。

2. 健力宝青年队

关于中国球队前往巴西培养年轻后备人才的案例，更早的是在20世纪末的健力宝青年队。健力宝青年队是1992—1998年存在的一支足球队伍，是由健力宝集团出资赞助，由中国足协组织派遣中国少年球员中的优秀者，到巴西圣保罗等地学习足球技能的一个团队。健力宝队的

---

① 《巴西有个"秘密基地"中国足球的未来正在这里成长》，环球网，2019年11月15日，https://world.huanqiu.com/article/9CaKrnKnOaG。

主教练是后来成为国家队主帅的朱广沪。

1992年4月25日，中国足协与广东健力宝集团公司签订协议，正式组建中国健力宝少年队。1993年8月4日，国家副主席、中国足协名誉主席荣毅仁为足坛小将们远行题词："要培养具有高度道德水准、良好心理素质、现代技战水平、勇猛顽强敢于拼搏的足球运动员！"8月30日下午，中国足协在京举行仪式，欢送健力宝少年队赴巴西留学。

健力宝少年队于1993年11月14日正式组队，于11月17日启程赴巴西圣保罗。在巴西，加上出访阿根廷、乌拉圭和智利等足球强国，这支队伍共比赛165场，其中近40场是硬仗，比赛次数相当于国内的5年总和。他们的成绩是110胜，25平，30负。

1997年1月13日健力宝队中六小将李铁、李金羽、隋东亮、张效瑞、李玮峰、郝伟被急召回国参加中国国家队集训，其中李金羽、李铁、张效瑞、隋东亮还入选了1997年世预赛十强赛大名单，被称为"四小天鹅"。这些球员在之后的若干年中一直都是中国足球界的旗帜性人物，也成了那个年代中国足球界家喻户晓的明星。

健力宝队为中国足坛留下了一笔宝贵的财富，9名球员曾先后入选国家队。更重要的是它为中国足坛留下了一批难得可贵的人才。目前的中国足坛，到处都可以看到健力宝球员的身影，从国家男队、国家女队到中超球会、中甲赛场甚至包括基层的业余足球以及青少年足球领域。

来自中国的足球少年前往巴西进行专业的足球训练，在提高自己足球技术的同时，通过实地生活了解了巴西人的生活方式和文化。当他们回到中国后，将他们在巴西生活训练的所见所闻分享给中国的朋友和队友，让更多的中国人了解巴西。而巴西方面接受了中国青训队的训练请求，巴西本土的教练员们与中国足球少年一起训练、进行面对面的交往，也了解到了中国人的生活方式和文化传统。

(二) 巴西足球人在中国

1. 穆里奇在中国的故事

从巴西来到中国的足球外援们，不仅在中超赛场上，还在亚洲赛场上留下了浓墨重彩的一笔。提到巴西足球运动员在中国，最先想到的是广州恒大队成功引进的几位巴西籍外援，他们分别是穆里奇、高拉特、保利尼奥。而最有代表性的要数在中国效力了多支球队的穆里奇了。

穆里奇全名路易斯·吉列尔梅·达·孔塞桑·席尔瓦（Luiz Guilherme da Conceição Silva），生于巴西里约州尼泰罗伊市穆里奇区。2010年6月30日，中甲球队广州恒大宣布以创俱乐部纪录的350万美元身价和穆里奇签约4年，他也成为中国职业联赛成立后转会费最高的球员。在效力恒大的4年间，荣膺"中超联赛最佳射手""亚冠联赛最佳射手""亚冠联赛最有价值球员"等殊荣。

2013年，穆里奇个人与恒大队达到了在队史的一个巅峰，穆里奇在2013赛季亚冠联赛保持高进球率，在半决赛对阵日本球队柏太阳神的两回合比赛中梅开二度，在参加的12场比赛中射进13球，从而超越2012赛季里卡多·奥利维拉保持的12球纪录，成为亚冠联赛历史上单赛季进球最多的球员。虽然穆里奇未能在亚冠决赛两回合取得进球，不过他在第二回合助攻队友埃尔克森射进关键进球，最终广州恒大以客场进球优惠击败韩国球队FC首尔，历史上首夺亚冠联赛冠军。穆里奇也当选赛事最佳射手并获得"最有价值球员"的称号。11月26日，穆里奇在亚足联年度颁奖典礼获得"亚洲最佳外援"的称号。①

---

① 《2013年亚足联颁奖典礼穆里奇荣获亚洲最佳外援》，人民网，2013年11月27日，http://sports.people.com.cn/n/2013/1127/c22134-23666415.html。

穆里奇在接受中国媒体采访的时候表示，早已将中国作为了自己的第二个家，并称自己可以随时加入中国国家队，代表中国男足征战国际赛场。在2020年2月，中国正经历着新冠肺炎疫情，穆里奇在社交平台发声："希望中国的一切都将恢复正常，上帝保佑这个国家。"①

2014年7月13日，穆里奇以800万美元的身价转会卡塔尔球队萨德，并且在之后的几年时间内辗转了几个西亚球队和日本球队后，最终在2017年回到了中超广州恒大队。2019年1月石家庄永昌俱乐部宣布穆里奇加盟，②这位巴西传奇球星延续了自己的传奇中国之旅。

2. 斯科拉里在中国的故事

在中国的巴西足球人不仅有在球场上飞奔的球员，还有在场下指挥球队运筹帷幄的教练员，他们执教于中国各个不同级别的联赛，将巴西先进的足球管理经验和球员培养模式带到中国。在提高中国职业足球队水平的同时也在影响着中国的足球文化，在执教中国足球队的同时也在感受和融入中国文化，也由此成为足球界的"中国通"。

2015年6月4日路易斯·菲利佩·斯科拉里（Luiz Felipe Scolari）接替卡纳瓦罗担任中国广州恒大淘宝足球俱乐部主教练，在他执教恒大两年多的时间里，帮助恒大获得了7座冠军奖杯。这其中包括1个亚冠，3个中超冠军，2个超级杯和1个足协杯冠军。斯科拉里率队在中超取得51胜16平10负的战绩，亚冠赛场取得9胜9平4负的战绩，足协杯取得8胜3平3负的战绩，超级杯取得2胜，世俱杯取得1胜2负的战绩。斯科拉里在恒大执教期间，率队的总战绩为71胜28平19负，胜率为60.2%。可以说他帮助恒大拿到了所有可以拿到的冠军。里皮

---

① 《心连心！穆里奇：我希望中国的一切都将恢复正常》，网易，2020年2月6日，https: //sports. 163. com/20/0206/08/F4MJAU4700058780. html。

② 《穆里奇加盟石家庄永昌》，人民网，2019年1月6日，http: //sports. people. com. cn/n1/2019/0106/c22134-30505921. html。

执教期间为恒大带来了5座奖杯，而从数量上斯科拉里已经超过了里皮。

中巴两国的足球人为了各自的足球梦想来到了异国他乡，他们在追逐自己梦想的同时，也在异国他乡的生活和工作中感受着与本国不一样的文化和社会风俗，增加了对所在国的了解，促进着两国的民间交往。

二、中巴足球交流的动力

中巴之间的足球交流是两国以需求为导向的完美融合。一方面巴西有着世界上最为先进的足球理念、足球文化、足球技术，这些正是中国足球人所青睐的。另一方面，中国国内巨大的体育市场以及高于巴西国内的薪资水平同样吸引着巴西足球人的目光。在这种双向"拉力"的作用下，中巴之间的足球交往在近年发展迅速，成果显著。中国俱乐部在国际赛场上更具有竞争力，世界上越来越多其他国家的足球人也将目光投向了中超赛场，并且中超联赛跟世界其他高水平联赛的合作与联系也增多了。巴西球员和教练们获得了更大的施展自己足球才华的舞台，使自己的足球生涯得以更好延续，并且取得了更加丰厚的收入。

（一）巴西足球资源优越

巴西是当今世界的足球王国，是足球水平最高的国家之一，人们一提到足球首先就会想到巴西。国际足联曾经这样点评：巴西是足球的象征，黄色球衣代表了世界上足球的最高水平，他们有能力吸引全世界的瞩目，来证明他们是世界上最棒的球队。走在巴西的路上到处都是喜气洋洋的气氛，到处是人们谈论他们喜爱的球星、球队的声音。① 巴西足球国家队曾在1958年、1962年、1970年、1994年、2002年5次夺得世界杯的冠军，是夺得世界杯次数最多的国家，也是迄今为止唯一一支从未缺席过世界杯的球队。② 并且，巴西的青年队在国际赛场上也屡创佳绩。巴西拥有世界上最好的青训体系，源源不断地为巴西成年队输送人才。在代表当今世界最高水平的欧洲五大联赛中到处都能看到巴西球星的身影，从罗纳尔多、卡卡、罗伯特·卡洛斯到如今的内马尔，他们娴熟的脚法和如同桑巴一般华丽的球风向世人展示着巴西足球的魅力。

中国拥有着全世界第一的体育人口，足球爱好者广泛。但是，足球水平却长期得不到有效的提高，国家队在国际大赛上的的成绩一直不尽如人意。因此，中国的足球人一直在寻求向国外高水平足球强国学习，以提高国家整体足球水平，而巴西有着当今世界最为先进的足球训练体系、足球后备人才培养模式、足球理念、足球联赛规范、教练培养系统和裁判培养系统。这些正是中国引入巴西教练团队、巴西专业的足球团队，以及中国俱乐部派出他们的青训队伍去巴西训练培养后备人才所看中的。中国俱乐部在从巴西引入高水平球员提高俱乐部水平的同时，一方面能够促进整个联赛水平的提高，另一方面，俱乐部球队实战能力提升的同时，日常管理、球队市场化运营等能力也能得到提升，从而从侧面带动国家队实力以至于整个国家的足球水平的提升。这对于中国足球运动的发展大有裨益，所以中国足球俱乐部源源不断地派出青训队伍去巴西接受专业的足球训练。同时，大力引进巴西的教练团队进入中国，提高中国本土足球的训练水平。

---

① 韩朝辉、刘海明：《桑巴之魂：巴西足球文化研究》，《辽宁体育科技》2017年第4期，第12页。

② 吴建喜、李可可：《巴西足球运动发展及对我国的启示》，《北京体育大学学报》2015年第4期，第136页。

（二）中国拥有广阔的足球市场

根据 2014 年国务院 46 号文件的规划，到 2025 年力争我国体育产业总规模达到 5 万亿元。[①] 成熟体育产业结构中体育服务业比重将达到 60%，足球产业比重达到 40%。以此来测算的话，我国足球产业规模将达到 1.2 万亿元。自"十二五"规划以来，中央和地方都颁布了一系列促进足球产业改革和发展的政策，以推动足球产业进一步职业化和市场化。特别是中国的本土足球联赛"中超"在近几年发展迅速，2018 年中超公司发布的《2018 年中超联赛商业价值白皮书》显示，中超场均观赛人数、转播收视率、中超公司总收入等数据提升明显。

在国际影响力上，中超球队在亚冠联赛上的成绩持续稳中有升，中超球员入围世界杯的人数同样迅速增长，这都体现了中超球员在国际认可度上的提升。并且，中超联赛加强了与世界顶级联赛的合作，中超和英超在 2018 年 11 月共同对外宣布在双方 2013 年确立的长期战略合作伙伴关系的基础上继续深化合作，使双方能够更加紧密地、更好地推动彼此足球项目的发展；同年与西甲联赛首次建立合作，初步开展了品牌联合推广和培训交流。与国际顶级联赛的合作使得中超在海外的影响力不断提升。随着在中超在世界上的影响力越来越大，中国广阔的足球市场对于巴西球员有着巨大的吸引力，许多国外球员都希望能来到中超踢球，在满足收入需求的同时也能延续自己的足球生涯。

[①] 韩朝辉、刘海明：《桑巴之魂：巴西足球文化研究》，《辽宁体育科技》2017 年第 4 期，第 12 页。

（三）巴西足球资源与中国足球市场的融合

巴西近几年经济不景气，失业率较高，人民生活水平普遍降低。这种连带效应使得巴西本国的足球产业也受到了冲击，最直接的影响就是巴西本土球员的薪资普遍较低，保障较差。究其原因，除了近几年巴西整体的经济大环境较差外，还因为巴西国内足球行业竞争压力过大，巴西国内注册的职业球员较多，但是能拿到高额薪资的球员只占总体的一小部分。因此，在本国发展受到局限的情况下，很多巴西球员将眼光投向了海外，选择去海外踢球。

中国足球市场巨大，经济社会发展迅速，在国际足球转会市场上得到了许多优秀巴西足球运动员的青睐。在近几年的中超外援收入排行榜上，巴西外援一直高居前列，2020年中超外援工资排行榜前12名的球员中有6名来自巴西。[①] 这样的情况无疑对巴西球员有着巨大的吸引力，因此，越来越多的巴西外援选择来到中国踢球，保利尼奥、奥斯卡、高拉特、阿兰等巴西高水平的足球外援纷纷来到中超，在实现自己足球价值的同时，也提高了中国足球联赛的水平。

2013年，广州恒大夺得了亚洲冠军联赛冠军，这也是中国职业足球俱乐部第一次夺得亚洲冠军联赛冠军，其中由埃克森、孔卡、穆里奇三位巴西外援组成的前场三叉戟功不可没。2015年世界名帅斯科拉里的加入，助力恒大完成了三年两次亚冠冠军的壮举。巴西高水平外援和教练的到来使得中超球队在亚洲赛场甚至国际赛场上的成绩突飞猛进，将"中超"推广到了全世界。

[①]《外媒排2020中超工资榜：奥斯卡居首艾克森位第十》，新浪网，2020年5月6日，https：//sports.sina.com.cn/china/j/2020-05-06/doc-iirczymk0147644.shtml。

三、足球交流对于中巴关系的促进作用

人文交流是通过增加两国人民之间的民间交往,从而实现两国人民之间的相互信任,最终达到民心相通的重要途径。中巴两国足球人通过足球这个媒介,密切了两国间的人文交往,中国足球俱乐部向巴西派出了自己的青训队伍,而巴西不仅通过向中国输送球员的方式加强与中国的合作,也在官方层面和中国合作,成立了诸如中巴足球交流会等官方组织来助力中国足球发展。这些措施有效地促进了两国人民之间的了解,增进了两国人民之间的互信。

(一)足球交流增进中巴民众互信

互信是人们在复杂的社会环境中产生牢固关系的基本条件。无论是雇佣关系,还是合作关系,如果不能以互信为基础,人们相互间的关系就会很脆弱,也很难长久持续下去。互信是国与国之间构建长期稳定合作关系的重要条件。所谓互信,指的是一国政府和公众对另一国的政治体制、发展道路、价值观念、文化传统及政策取向相互间有基本的理解和明显的认同。[1]

通过人文交流这种主要倡导民间与民众,进行多层次、多角度的交流方式,能够有效地增强两国普通民众之间的情感联络。中国有着巨大的人口数量,是当今世界最大的体育市场。巴西作为足球王国,为中国输送了许多高质量的足球运动员,中国球队也将自己的青训队伍送往巴

---

[1] 邢丽菊:《人文交流与人类命运共同体建设》,《国际问题研究》2019年第6期,第15页。

西接受专业的足球训练,培养后备人才。

在中超,这些远道而来的巴西外援提升了中超整体的实力,使得中超球队在国际比赛上屡创佳绩。让越来越多巴西人关注中国的联赛,透过职业足球来了解中国的发展、中国的进步,以及中国与当今世界的融合,改变巴西人由于历史原因对中国的刻板印象和偏见。在巴西,那些接受专业训练的中国足球后备军,通过生活和训练去切身地了解巴西和当地的文化。回国后,不仅带来了在巴西学到的足球技术,而且可以通过自己在巴西的所见所闻,使更多的中国人了解巴西。这些"走出去"与"请进来"的中巴两国足球人通过足球这样一个媒介,进行广泛而深入的人文交流,增进着彼此的了解并以此来增加两国人民的互信。

(二)足球交流促进中巴民心相通

"一带一路"倡议是促进共同发展、实现共同繁荣的合作共赢之路,是增进理解信任、加强全方位交流的和平友谊之路。在推进"一带一路"倡议过程中,民心相通是至关重要的一环。[①] 民心是最大的政治,民心相通则是最基础、最坚实、最持久的互联互通,[②] 民心相通是"一带一路"倡议的社会根基,是传承和弘扬丝绸之路友好合作精神的基础。

民心相通可以为各国的合作打下坚实的社会基础,为完善全球治理体系注入动力。并且,可以为各种不同文化间的交流提供一个良好的平台。通过广泛开展文化交流、学术往来、人才交流合作、媒体合作、志

[①] 赵可金:《"一带一路"民心相通的理论基础、时间框架和评估体系》,《当代世界》2019年第5期,第36页。

[②] 《民心相通是最基础的互联互通》,人民网,2017年6月9日,http://opinion.people.com.cn/n1/2017/0609/c1003-29327960.html。

愿者服务等，为深化双多边合作奠定坚实的民意基础。人文交流是实现民心相通的重要途径，在世界文明多样性的背景下，以平等、友好、互鉴为原则进行多层次多方面的交流，从而增进两国的相互了解，最终推动人类文明的进步和世界和平的发展。人文交流的形式多种多样，主要包括旅游交流、学术文化交流、体育交流等。

中巴两国在足球领域进行交流与合作，在发挥各自优势的情况下取长补短，取得了较为丰硕的成果。中巴两国足球人围绕着足球进行着广泛且深入的交流，通过足球交流为原本具有不同文化背景的两国民众搭建了交流的桥梁，从而有效地增进了两国普通民众间的彼此了解，并且还能以此带动其他形式的人文交流，最终达到民心相通的目的。国之交在于民相亲，民相亲在于心相通。国家间的关系归根结底是人与人的关系。人是文明交流互鉴最好的载体，深化人文交流互鉴是消除隔阂、促进民心相通的重要途径。①

（三）足球交流助推中巴经贸合作

据中国海关统计，2018年中巴双边贸易总额1111.8亿美元，同比上涨26.6%。其中，中方出口336.7亿美元，进口775.1亿美元，同比分别增长16.3%和31.7%。

2019年上半年，中巴双边贸易总额521.3亿美元，同比上涨0.1%。其中，中方出口156.4亿美元，同比下降8.9%；中方进口364.8亿美元，同比增长4.5%。②

---

① 邢丽菊：《人文交流与人类命运共同体建设》，《国际问题研究》2019年第6期，第16页。

② 《中国和巴西经贸关系》，中华人民共和国商务部美洲大洋洲司，http://mds.mofcom.gov.cn/article/Nocategory/200812/20081205968627.shtml。

中国对巴主要出口机械设备、电子电器、电脑通信产品等商品，自巴西主要进口铁矿砂、大豆、原油、肉类等。中国是巴西第一大贸易伙伴，是巴西第一大出口国和进口国。双方在农产品、矿产、通信设备等领域有较多的贸易合作。

在当今经济全球化逐渐加深的国际背景下，推进经济合作发展再也不是独立存在的，而是与政治、文化等非传统经济领域紧密地结合在一起。因此，中巴两国除传统意义上的经贸交往以外，还依托广泛的人文交流，从文化、体育、艺术、旅游、教育等领域展开多层次多领域的交往，从而达到两国全面经济交往合作的目的。另外，在当前经济飞速发展的时代，文化、体育、艺术、教育产业本身也是能带来巨大收益的新兴产业。

足球作为全世界第一大运动，随之衍生的足球产业也利益颇丰。从某种程度上来看足球产业已经成为世界经济中重要的一部分，其产业总产值已经达到了全球体育总产值的一半左右。[①] 足球产业包括电视转播权、广告推广、门票收入、相关体育用品及周边产品等，还能够以此带动相关建筑业和旅游业的发展。因此，中巴两国应当加大力度围绕足球产业进行合作，发挥各自在足球领域的优势，取长补短、相互合作以实现互利共赢。通过补充两国在传统经贸合作之外的经济合作，从而实现全面经贸合作。

四、总结

在如今全球化越来越深入的时代，国家与国家之间的交流将会来越

[①] 高明琪：《足球产业对经济发展的影响与作用研究》，《营销界》2019 年第 33 期，第 134 页。

来越频繁，在交往的过程中也会遇到各种各样的问题。人文交流是促进各国民间关系、增进各国人民友谊的重要手段。面对各国在历史文化、政治制度、社会环境、对外政策与地缘利益诉求等方面存在的巨大差异，民众的情感态度、思想观念、价值取向也不尽相同，[①] 人文交流可以有效地消除误解、增进互信、塑造国家形象，从而有助于推进互利共赢的国际合作新模式。中巴两国在足球领域进行的人文交流，无论是对于两国国家关系的发展还是对于两国足球事业本身都是互益的。

巴西球员和教练来到中国，一方面在中国的足球市场里实现了自己的价值，另一方面也助力了中国足球的发展，提高了中国俱乐部球队的整体实力。他们不远万里来到这个东方国度，适应中国的社会生活。回到巴西的他们无一例外地会对中国大加称赞，通过他们的亲身经历述说着他们在中国的所见所闻，从而让更多的巴西人特别是巴西足球人了解中国、认识中国，改变他们对中国的一些偏见。而中国俱乐部的青训队前往巴西留洋，设身处地去了解巴西这个国度，去感受巴西和巴西的足球文化。通过学习巴西先进的足球文化、理念和足球技术去提高本国足球实力，也从侧面促进了两个国家在人文交流层面的发展，起到了重要的桥梁作用。相信在以后的日子里，两国的足球交往会更加的频繁，从而为两国的人文交流注入更多的活力。最终对两国关系的良好持续和健康发展推波助澜，贡献出一份力量。

[①] 杨荣国、张新平：《"一带一路"人文交流：战略内涵、现实挑战与实践路径》，《甘肃社会科学》2018年第6期，第76页。

中巴教育交流合作的佼佼者：里约孔子学院

郑佳宝[*]

21世纪以来，中国和巴西成为在世界舞台上备受关注的两个发展中国家。虽然地缘上相隔万里，历史文化背景和政治环境截然不同，但两国都拥有庞大的国内市场、广阔的改革空间和活跃的文化氛围，都借助全球化的春风走上了快速发展的道路，中巴两国之间的往来也日益频繁。中国积极推动中华文化走向世界，广泛开展巴西文化研究，不断深化两国在文化教育领域的交流，增进两国人民的相互理解和信任。随着全球"汉语热"的持续升温，汉语承载着博大精深的中华文化，带着中国人民和谐共处的愿望走向世界。孔子学院作为向世界推广中国语言文化的重要媒介，在中巴文化教育交流中扮演了极为重要的角色。里约孔子学院以其令人瞩目的成绩，引领中国文化走进热情的巴西，搭建起两国教育合作的桥梁。

---

[*] 郑佳宝，四川外国语大学西方语言文化学院。

一、里约孔子学院的成功之路

（一）里约孔子学院的成立

孔子学院是中外合作建立的非营利性教育机构，致力于满足世界各国（地区）人民对汉语学习的需要，增进世界各国（地区）人民对中国语言文化的了解，加强中国与世界各国教育文化交流合作，发展中国与外国的友好关系，促进世界多元文化发展，构建和谐世界。孔子学院为汉语教学提供了重要平台，积极推动中外教育、文化等方面的交流与合作，还提供包括教学、培训、考试、咨询在内的服务。各地孔子学院充分利用自身优势，开展丰富多彩的教学和文化活动，逐步形成了各具特色的办学模式，成为各国学习汉语言文化、了解当代中国的重要场所，受到当地社会各界的热烈欢迎。

进入21世纪以来，随着改革开放不断深入推进，中国的综合国力迅速增强，中国的国际影响力也随之提升，在政治和经济领域备受世界各国的关注。而中国文化也应势成为世界文化领域的新热点，在全球掀起不同程度的"中国热"。汉语凭借其独特的魅力和不可估量的发展前景，成为备受青睐的热门语种，学习汉语的外国人越来越多，"汉语热"在世界范围内成为了一种流行现象。持续不断的"中国热"使巴西教育部门迫切地意识到，需要把中文教育列入巴西各学校的正式课程之中，培养懂中文的国际人才，有利于进一步推动巴中关系的发展。[①]

[①] 颜欢：《巴西："中国热"持续升温推动汉语学习热》，《甘肃教育》2015年第5期，第127页。

乔建珍是河北师范大学外国语学院教师，曾担任巴西里约热内卢天主教大学孔子学院（以下简称"里约孔子学院"）的中方院长。在一次采访中，她讲述了自己和里约孔子学院的故事：1999年，因河北省要跟拉美国家的城市建立友好关系，亟需培养一批西葡语翻译人才，时任河北师范大学外国语学院副教授的乔建珍作为培养对象，被学校选派到北京外国语大学学习葡萄牙语。2010年，河北师范大学成立孔子学院，推荐乔建珍参加国家汉办的中方院长面试，她顺利成为里约孔子学院中方院长。2011年8月31日，里约孔子学院正式揭牌成立，是巴西境内第三所孔子学院。

2012年4月，乔建珍奔赴里约上任，她在自述中回忆道："巴西对我来说是陌生的国家，而中国对巴西人来说也是如此。那时，我在大学（里约热内卢天主教大学）图书馆只找到6本关于中国的书，出门也常被认成其他亚洲国家的人。在巴西人眼中，中国很遥远、很落后，以至于房东刚开始不让我独自使用洗衣机，怕我不会用。"自此，在里约孔子学院的忙碌工作开始了，她辛勤耕耘、挥洒汗水，获得了巴西人的信任，也深深地爱上了这片热土。作为中巴文化交流的使者，她深感肩上背负的责任，"中国有着五千年悠久历史，在全世界的影响力也与日俱增。我觉得，一定要传播好中国文化，让巴西人认识真正的中国。"[①]

里约孔子学院在中巴两国各界的热切期待和积极筹备中成立，乔建珍院长和志愿者们任重道远，开启了中巴教育交流与合作的新篇章。

（二）里约孔子学院的快速成长

1. 汉语语言教学和文化活动

自2011年正式成立以来，里约孔子学院在乔建珍院长的带领下，

---

① 《乔建珍：让世界分享中华文化》，河北新闻网，2018年12月15日，http://hebei.hebnews.cn/2018－12/15/content_7144609.htm。

通过志愿者们的积极探索和不懈努力，各类教学和文化活动办得风生水起。2012年，里约孔子学院举办了第一届"中国文化周活动"，开设"功夫班"，举办"中国古典文学翻译""中巴关系"等主题讲座，引起很大反响。"汉语"和"中国文化介绍"两门课程进入了里约热内卢天主教大学的学分制体系。

2013年7月，里约孔子学院组织了首届"里约孔子学院夏令营"活动，20位来自巴西三个州四所大学的孔院学生参加了为期两周的中国文化体验之旅活动。里约孔子学院还在春节、元宵节等中国传统节日，教大家剪纸、写对联、包饺子，越来越多的巴西人开始对中国产生兴趣，希望了解中国。里约孔子学院还组织巴西中学生"汉语桥"比赛，并分别在世界"汉语桥"中学生、大学生比赛中获奖；推荐巴西学生到中国求学，在巴西乃至整个拉美地区，里约孔子学院的影响力逐渐提高。

2014年12月，在厦门举办的全球孔子学院大会上，里约孔子学院获得"全球优秀孔子学院"称号，是当年拉美地区唯一获此殊荣的孔子学院。同年，乔建珍院长获得了巴西劳工部颁发的五一劳动者勋章，这是该奖项的第一位外国获得者。虽然身在异国他乡，工作忙碌，但是巴西人民对自己的信任和肯定让她很感动，"每天上下班，路旁的商贩会打招呼问'你好'，小区的保安也会挥手说'再见'，更有不少人热情地打听中国的情况"。在孔子学院的任期期满后，她申请继续留在巴西。

"2015年，里约孔子学院在办学规模、办学层次、开设课程、教学质量等方面都有了很大的提高"，乔建珍院长在接受教育部教育管理信息中心《世界教育信息》杂志的采访时表示。2015年，里约孔子学院的教学点由原来的2个扩大到了6个，从里约热内卢市扩张到全国3个州。除继续为所在大学的本科生、研究生和国际交换生开设"汉语"和"中国文化介绍"两门学分制课程，在为里约州立职业学校开设"中国语言与文化"课程外，里约孔子学院还在另外两个州——圣埃斯皮里图州（Estado do Espírito Santos）和戈亚斯州（Estado de Goiás）开设了新的教学点，以满足不同层次的巴西民众对学习汉语和中国文化的需求。①

2. 教育援助活动

除了开展语言教学和文化活动外，乔建珍院长还带领志愿者在巴西各地开展教育援助活动，这是孔子学院的工作重点之一。

2012年，里约孔子学院开设了专门针对全校教职工的"中国语言与文化"课程，取得了很好的教学效果，为孔子学院和学校各院系部门之间紧密联系、开展各项活动提供了很大便利。

2013年7月，应里约州教育厅的邀请，里约孔子学院举办了第二届"艺术周"活动，向学生和家长们展示了剪纸、折纸、中国传统音乐，让他们近距离感受中国传统文化的魅力。

2014年，里约孔子学院与里约北部的贫民区学校联合举办了一次大型文化活动，使该区的孩子们第一次在自己学校里接触到中国文化。2014年9月，里约孔子学院为圣埃斯皮里图州联邦大学亚洲研究所（Instituto de Estudos Asiáticos da Universidade Federal do Espírito Santo）的师生开设单独课程，满足他们学习汉语的需求，为他们将来来华进行中国研究提供方便。②

2019年，里约孔子学院在圣埃斯皮里图州州立中学举办"中国日"

---

① 《乔建珍：让世界分享中华文化》，河北新闻网，2018年12月15日，http：//hebei.hebnews.cn/2018-12/15/content_7144609.htm。
② 郭伟、潘雅：《打造中巴教育文化交流的互动平台——访巴西里约热内卢天主教大学孔子学院中方院长乔建珍》，《世界教育信息》2015年第18期，第57—61页。

暨"联合国中文日"主题文化活动。除本校师生外,学生家长、圣埃斯皮里图州教育厅工作人员以及爱好汉语的社会人士共约200余人参加。孔子学院展出了剪纸、中国结、皮影、脸谱、扇子和红包等中国元素,向巴西来宾展示中国文化;在汉语教师的指导下,巴西学生们尝试写毛笔字,表演了中国歌曲、傣族舞蹈、太极拳、诗朗诵等节目。①

乔建珍院长表示,"里约孔子学院是中巴文化教育交流的产物,在办学规模、办学层次、开设课程、教学质量等方面不断改进,并积极在巴西开展一系列教育援助活动,深化了中巴之间的友谊。巴西政府非常重视并积极推动教育国际化进程,里约孔子学院应明确自身责任,更好地发挥中巴合作交流的桥梁作用。"②

(三)里约孔子学院的瞩目成就

2013年6月,里约孔子学院与里约州政府签订合作协议,将"中国语言与文化"课程纳入里约州立职业学校的课程体系。在此背景下,若阿金·戈麦斯·德索萨州立高中(Colégio Estadual Matemático Joaquim Gomes de Souza)在双方的热切期待中顺利开办。③ 这是乔建珍院长牵头,由里约孔子学院和里约州政府合作创建的巴西首所葡中双语学校,是里约孔子学院建成以来最引以为傲的成果之一。

里约州教育局一共投入2000万雷亚尔(约2721万人民币)用于校

---

① 巴西里约热内卢天主教大学孔子学院:《里约热内卢天主教大学孔子学院维多利亚教学点举办'中国日'暨'联合国中文日'文化活动》,2019年4月29日,http://www.hanban.org/article/2019-04/29/content_771419.htm。

② 郭伟、潘雅:《打造中巴教育文化交流的互动平台——访巴西里约热内卢天主教大学孔子学院中方院长乔建珍》,《世界教育信息》2015年第18期,第57—61页。

③ 郭伟、潘雅:《打造中巴教育文化交流的互动平台——访巴西里约热内卢天主教大学孔子学院中方院长乔建珍》,《世界教育信息》2015年第18期,第57—61页。

舍的改建和修缮。学校由一座有160年历史的公主行宫改造而成，这栋古老的建筑物是巴西末代国王佩德罗二世（Pedro de Alcântara João Carlos）送给伊丽莎白公主（Isabel Cristina Leopoldina）的礼物，以巴西著名数学家若阿金·戈麦斯·德索萨（Joaquim Gomes de Souza）的名字命名。如今，这个行宫已被改建成了校舍，教学区的建筑面积有1018.4平方米，设施齐全，配有实验室、图书室、室内游泳池等。2014年9月23日，里约葡中双语学校举行揭牌仪式。2015年2月，学校正式运行。如今，学校在巴西教育部的各项指标评估中被列为里约州最好的州立学校之一。乔院长回忆道，"刚开始他们还担心招生人数不足，但现在要进入这所学校可以说是'一位难求'，平均八九个学生竞争一个入学名额。学校主要侧重于招收理科类课程成绩较为优异的中学生。该校的汉语教学由河北师范大学派出的教师负责，数学等普通高中课程则由巴方老师使用葡语讲授。"①

里约葡中双语学校的定位是"全日制双语学校"，完全按照巴西教育体系高中阶段的要求开设课程。乔建珍院长表示，这是巴西境内第一所以葡萄牙语、中文和英语三语为教学语言的高等中学，是巴西历史上首次专门为中葡双语教学成立一所学校，意味着中文不再仅仅作为选修课或语言培训课，而是以常规课程的形式出现在中学课堂中。中文是该校学生的必修课程，优秀的高中毕业生通过基本汉语水平和心理测试，还有机会到中国攻读本科学位。②

在三年的高中课程中，还设置了乒乓球、羽毛球、毽球、棋类和跳绳等中国传统体育项目以及葫芦丝、笛子等中国传统乐器课程，此外，

---

① 《乔建珍：让世界分享中华文化》，河北新闻网，2018年12月15日，http：//hebei.hebnews.cn/2018－12/15/content_7144609.htm。
② 《中文纳入巴西里约州常规课程》，人民网，2014年9月25日，http：//culture.people.com.cn/n/2014/0925/c87423－25730592.html。

还有中国传统音乐、书法、国画等课程,增加学生对中国传统文化的认识,深化对中国文化的理解,提高汉语水平和综合素质。①

针对巴西中小学阶段教育较为散漫的特点,乔建珍院长特地将中国先进的教育理念与课程设置相结合,希望通过潜移默化的影响,让巴西孩子接受守时、守纪、勤奋等中国传统价值观,拉近他们与中国的心理距离。②

里约葡中双语学校的成立标志着中巴文化教育合作进入了一个新的阶段,③ 体现了当地政府和人民对乔建珍院长及里约孔子学院工作的认可。该校不仅让中文正式进入巴西地方州政府的教育体系,更给其他孔子学院扩展服务范围提供了一个成功的典范。

二、里约孔子学院获得成功的原因

(一) 中国政府鼓励跨文化交流

当今世界新兴经济体群体性崛起,20世纪末美苏冷战结束后形成的"一超多强"全球政治经济格局出现变化,中国作为一个发展中的大国,一贯坚持和平发展的道路,主张构建"人类命运共同体",致力于加强与各国的多方位合作,谋求共同发展。中国在国内政治、经济、文化和教育等领域进行了深刻改革,取得了快速的发展,与世界各国在

---

① 郭伟、潘雅:《打造中巴教育文化交流的互动平台——访巴西里约热内卢天主教大学孔子学院中方院长乔建珍》,《世界教育信息》2015年第18期,第57—61页。
② 新华通讯社、国务院国资委、孔子学院总部:《"一带一路"100个全球故事》,新华出版社2017年版,第30页。
③ 郭伟、潘雅:《打造中巴教育文化交流的互动平台——访巴西里约热内卢天主教大学孔子学院中方院长乔建珍》,《世界教育信息》2015年第18期,第57—61页。

各领域合作的数量和层次上都有明显的提升。

推动各国孔子学院的建设是教育对外开放的一个重要实践。2016年，中共中央办公厅、国务院办公厅发布的《关于做好新时期教育对外开放工作的若干意见》指出，教育对外开放是我国对外开放事业的重要组成部分，是国家战略与对外政策的外延，肩负着培养优秀人才，促进人文交流，服务国家发展建设的重要使命。2012年，"一带一路"倡议的提出及其实施，标志着我国教育对外开放进入新的历史发展阶段。我国教育对外开放已不断走向深入，基本形成了全方位、多层次、宽领域的教育对外开放新格局。政策联通、出国留学、来华留学、中外合作办学、境外办学、汉语推广、科研合作、人文交流等立体化的教育国际交流合作蓬勃发展。①

文化交流需要语言为其铺路，孔子学院担负着这一历史重任，在各大洲遍地开花，立足世界各地的实际情况，积极推动汉语语言和中国传统文化的传播，向各国人民展示中华文化绵延千年、生生不息的精彩，促进中外文化之间的互信和交融。

从里约孔子学院的故事里可以看到政府、合作高校对孔子学院在巴西成立和建设的推动作用。有了政府的鼓励，里约孔子学院才得以发挥自己的能力、调动各界的资源，从无到有，在短短的几年时间内成为榜样。

（二）巴西政府大力支持

巴西是拉丁美洲面积最大、人口最多的国家，也是南美洲经济最发达的国家。虽然经济相对发达，但教育事业发展长期滞后于经济增长，

---

① 李金林、刘剑青、张乃心：《"一带一路"建设背景下中国教育对外开放的新发展》，《中国高教研究》2017年第8期，第45—49页。

巴西国内的教育发展不均衡。直到1998年，巴西政府才真正意识到教育改革的重要性，开始积极投资发展教育事业。巴西的教育经费依靠立法保障，公共教育支出占国内生产总值的比重不断上升，2019年约占6%。2019年7月，巴西教育部长表示，希望在2024年这个比重能上升到10%。①

巴西政府积极推动基础教育和高等教育改革，设立国家"助学金计划"，在提高入学率方面取得了明显成效，极大地缩小了贫困家庭和富裕家庭儿童的入学率差距；政府还鼓励公立学校和私立学校进行合作、共同发展。得益于宽松的政策，如简化私立学校的审批手续、免征部分税收、增加贷款额度等，巴西私立学校的发展速度明显，领先于其他拉丁美洲国家。

职业技术教育在巴西教育体系中也占据重要地位，在中学阶段接受职业技术教育的学生占总人数的80%。巴西政府与世界银行、美洲发展银行签署了贷款协议，帮助改善职业技术学校的校舍环境，举办教师培训，组织人员翻译大量职业技术教育相关的教材和资料，旨在加速普通教育与职业教育的一体化。巴西政府通过教育改革，为职业技术教育的发展壮大注入了活力，不仅使其有法可依，还给予了大力的财政支持。职业技术教育与大批学生的就业息息相关，为巴西工业、农业和服务业培养了中级技术人才，适应了市场的需要。②

近年来，巴西政府支持的一系列组织、国际化会议和奖学金项目在推动巴西教育国际化的进程中做出了巨大贡献。2011年7月，巴西政

---

① Mariana Tokarnia, "MEC quer alterar meta de investimento de 10% do PIB," Agência Brasil, Julho 11, 2019, https://agenciabrasil.ebc.com.br/educacao/noticia/2019-07/mec-quer-alterar-meta-de-investimento-de-10-do-pib.

② 王检:《巴西教育公共服务对我国教育公共服务发展的启示》,《求实》2010年第A01期, 第291—292页。

府推出"科学无国界"项目，政府在此后三年内提供10万个奖学金名额，资助和鼓励巴西学生到国外大学学习；① 巴西大学积极参加科英布拉集团（The Coimbra Group）会议，与各国大学校长、国际处处长等相关代表进行文化与学术交流。2015年3月，巴西承办了联合国教科文组织金砖国家教育部长会议，讨论如何促进金砖国家之间的教育合作；作为南方共同市场的成员，巴西与相关国家保持着非常密切的联系，学生有较多机会获得奖学金，参与国际交流。

借助自身特殊的历史背景和地理位置，里约州一直大力推进该州教育国际化进程。里约州政府响应国家促进教育国际化的政策，对里约孔子学院的工作给予积极配合和大力支持，在成立里约孔子学院和创办葡中双语学校的过程中起到了至关重要的作用，利用政策和资源协助孔子学院运行，并将汉语纳入巴西州政府的教育体系。里约孔子学院取得的成就引起了巴西各界的广泛关注和认可，对孔子学院在巴西、乃至整个拉丁美洲的建设做出了榜样，加快了中国与巴西的文化交流。

（三）中巴务实合作的需要

21世纪以来，巴西一直力求在发展中国家崛起的浪潮中争取有利的国际环境，拓宽其在全球治理中的参与维度，强化地区领导国角色。中巴两国在国际发展战略上有许多相似之处，两国认识到只有加强国际合作才是发展的正确途径，协作与竞争相结合，增进两国政府和民间的友好互信，实现发展共赢。通过两国的共同努力，中巴关系呈现日益密切的趋势，在多方面建立了合作关系，教育领域的交流与合作取得了显

---

① 吴志华：《巴西颁布"科学无国界"十万青年留洋计划》，《人民日报》2011年7月28日，http://news.sciencenet.cn/htmlnews/2011/7/250135.shtm。

著成效。①

自2019年底开始，受新冠肺炎疫情的影响，全球经济形势急转直下，国际贸易也遭遇严重的打击。在此背景下，巴西经济部巴西对外贸易数据库（Comex Stat）的统计显示：2020年第一季度，巴西对中国出口总额仍达到了209亿美元，占当季巴西出口总额的31%，比起位居二、三名的美国（10%）和荷兰（4.1%）来说，中国在当前巴西出口贸易中的比重远超过其他国家。② 虽然暂时受到疫情影响而有所减缓，但是从长远角度看，中巴之间的贸易关系仍会是两国合作交流的重点领域。

2009—2019年，中国已连续十一年成为巴西全球第一大贸易伙伴。与此同时，随着中国改革开放的不断深入，巴西成为中国在拉美地区第一大贸易伙伴国和最主要的投资目的国。中巴之间的贸易往来需求大、增长快。越来越多的中资企业、中国人来巴西开展投资和贸易，为巴西市场提供了许多就业机会。

表面上是"汉语热"催生了孔子学院的建立，但究其根本，则是改革开放和中国经济腾飞为世界各国带来了巨大的经济利益。③ 中巴贸易往来频繁，经贸合作促使两国相互学习和研究的需求上升，巴西市场对汉语人才的需求不断增加。孔子学院在巴西的成立和发展，为经贸领域培养了一批双语人才，也为推动两国进出口贸易发展起到了关键作用。

---

① 周志伟：《巴西国际战略研究：理念、实践及评估》，《晋阳学刊》2019年第4期，第80—88页。

② Comex Vis, "Visualizações de Comércio Exterior," Portal da Ministério da Economia, http://comexstat.mdic.gov.br/pt/comex-vis.

③ 叶英：《从外媒报道看孔子学院的海外形象》，《四川大学学报》2015年第3期，第48—57页。

为满足市场的需求，里约孔子学院除了开设普通的汉语课程，还专门设计了一些有针对性的课程，为有汉语就业意愿的巴西人提供了学习机会。中葡双语学校的汉语课程根据不同阶段、不同目的进行了专门设计：为准备参加大学入学考试的学生开设三年制的"中国语言与文化"课程；对于计划毕业后直接参加就业的学生，则提供了"商务汉语"课程，以更好地适应其就业需要；课程设计中还增加了中国汉语水平考试（HSK）和汉语水平口语考试（HSKK）的内容，方便有志于毕业后来华留学的学生；学校还针对毕业后想进入商业领域，在中资公司、巴西公司工作的学生，根据学生实际的就业情况，开展商务汉语考试（BCT）培训。

三、里约孔子学院促进中巴关系发展

（一）推动语言文化传播

中华文化源远流长，经历了五千年的时代更迭、风云变迁，却能一直保持强大的生命力。改革开放后，中国经济社会取得巨大进步，逐渐成为众多国家的重要贸易伙伴，但在许多外国人眼里，中国仍是一个遥不可及的东方古国，语言文化晦涩难懂，这在很大程度上阻碍了中外合作交流。

随着全球化进程的不断加速，当前世界各国的命运前所未有地紧密联系在一起。国际交流，语言先行。孔子学院作为推动中国语言文化"走出去"的典型代表，在增进外国对中国的理解与共识、提供教育公共产品上发挥着重要作用。① 巴西的学生和各界有学习需求的人士都能通过孔子学院提供的服务，获得相关的培训和学习机会，增进对中国语言文化的了解。孔子学院为开展汉语教学、促进中外教育文化交流与合作提供了许多服务，例如开设葡语课堂、培训汉语教师、提供汉语教学资源；开展汉语考试和汉语教师资格认证；提供中国教育、文化等信息咨询；开展中外语言文化交流活动。里约孔子学院为汉语和中国文化在巴西的传播提供了重要平台，帮助巴西人了解中国，对传播当代中国声音、提升中国国际形象起到战略性的关键作用。在巴西也成立了以中国为研究对象的巴西中国问题研究中心（Brazil China Research Center）。

孔子学院在巴西的成果也激发了中国人学习葡萄牙语、了解巴西文化的热情，推动了中国葡语教学和巴西研究的发展。这与巴西教育部"语言无国界"（Idiomas Sem Fronteiras）项目和"请进来""走出去"的理念是相互呼应的。近年来葡萄牙语在中国成为一个热门语种，2019年底中国开设葡语专业的高校达到了50家，葡语专业学生人数也快速增长，当中相当一部分学生选择到巴西高校进行交流学习，在巴西孔子学院实习，或在本科毕业后前往巴西高校深造。中国各高校和研究院的巴西国别研究发展迅速，全国成立了多所拉美研究中心、巴西研究中心。2009年5月19日，时任巴西总统卢拉在中国社会科学院与全国政协副主席、中国社会科学院院长陈奎元共同为巴西研究中心揭牌，并举行演讲，表达进一步巩固巴中战略伙伴关系的信心。2019年5月25日，在河北师范大学国际文化节上，一批来自里约孔子学院的奖学金师生闪亮登场，学生担任活动主持人，表演"巴西战舞"，在文化展示区介绍和宣传巴西的文化，还分享了多种巴西著名小吃，获得了中国师生的热

---

① 郑震：《空间：一个社会学的概念》，《社会学研究》2010年第5期，第25页。

烈欢迎和赞赏。

（二）促进中巴人民交往互信

人文交流，指的是思想、价值和文化的对话，主体可以是人与人、群体与群体，也可以是民族与民族、国家与国家。被反复引用的古语"国之交在于民相亲，民相亲在于心相通"，其内涵传达的正是人文交流的重要性。① 在巴西各地孔子学院多年的努力推动下，中巴人民之间交流日益频繁，相互之间的了解和信任也逐渐增加。

乔建珍院长说，她刚到巴西时，发现人们对中国的了解非常少。而如今，人们对中国的认识更加全面了，对中国的改革、教育、经济发展、5G技术和在巴的中国企业等都产生了很大的兴趣，许多巴西的年轻人在就业时也愿意选择和中国相关的工作。②

2013年，里约孔子学院开始与里约州政府合作开设汉语教学实验课程，将汉语教育免费引进里约州立职业学校，为学习中文的巴西学生增加就业砝码，提升了其就业竞争力。时任里约州教育局局长威尔逊·瑞索拉（Wilson Risolia）表示，里约葡中双语学校从基础抓起，让巴西学生从小就有机会接触中国文化，为未来培养更多的中文人才。时任中国驻里约热内卢总领事宋扬表示，掌握中文的巴西学生将可以获得更好的就业机会。③

---

① 李尧星、杜津威：《新时代中外人文交流与中国一流大学的角色和使命》，《北京教育（高教）》2018年11期，第16—19页。

② Embaixada da China, "Cultura chinesa conquista jovens," November 11, 2019, https://oglobo.globo.com/economia/parceria-brasil-china/cultura-chinesa-conquista-jovens-24074710.

③ 《中文纳入巴西里约州常规课程》，人民网，2014年9月25日，http://culture.people.com.cn/n/2014/0925/c87423-25730592.html。

经过八年的时间，里约孔子学院已经为800名学生提供了学习汉语的机会，中文能力大大提高了他们在就业市场上的竞争力。看到巴西学生对中国愈发了解和喜爱，乔建珍院长倍感欣慰。巴西学生除了对中国的深厚文化和悠久历史非常好奇以外，还对如何进入中国企业工作表现出非常大的兴趣。[1]

2013年，首批由巴西政府出资的留学生前往中国学习。根据两国政府达成的协议，此后十年，巴西政府将出资陆续向中国输送3000名留学生。同年，中巴互换留学生项目正式启动，通过遴选的学生有机会领取中国政府发放的奖学金，赴中国学习1—4年时间。[2] 中国政府也提供了奖学金给优秀的中国学生，让他们有机会到巴西进行交换学习或攻读学位；巴西多所孔子学院成为中国学生进行社会实践和就业的热门选择。同年10月，由里约孔子学院组织、里约州教育厅厅长和一位联邦议员领队，巴西第一支教育工作者访华团共十人对河北省高校、中小学、双语学校、河北省教育厅、国家汉办、巴西驻华使馆等进行了为期十天的参观和交流。

除了开展教学工作和文化活动以外，里约孔子学院也承担了许多大型活动和会议的筹备和接待工作，如2012年的联合国环境发展大会、2013年的联合会杯、2014年的世界杯、中巴建交40周年系列庆祝活动、2016年奥运会志愿者语言项目、2019年金砖国家巴西利亚峰会、2019年在里约天主教大学举行的河北文化旅游巴西推介会等。[3] 里约孔

---

[1] CRI, "Qiao Jianzhen dedica–se à divulgação da língua e cultura chinesa no Brasil," September 10, 2019, http://portuguese.cri.cn/audioonline/interviews/414/20190910/346141.html.

[2] 《中国梦·共赢曲：中国巴西密切教育交流》，人民网，2013年9月2日，http://cpc.people.com.cn/n/2013/0902/c83083-22769138.html。

[3] 郭伟、潘雅：《打造中巴教育文化交流的互动平台——访巴西里约热内卢天主教大学孔子学院中方院长乔建珍》，《世界教育信息》2015年第18期，第57—61页。

子学院的志愿者对这些活动的顺利开展起到了至关重要的作用，是联通中巴政府和民间交流的友好使者。

（三）推动中巴务实合作

小到一所孔子学院的成立，大到中巴政府签订教育合作协议，都需要调动多方面的社会资源，沿着"市场需求、政府推动、民间支持"的路径，三者之间形成一个持续发展的循环。政治经济发展推动了中巴教育领域的合作，而教育领域合作又为推动两国务实合作注入动力。

2015年，巴西著名退役球星罗纳尔多在中国开设了三所足球学校，分别位于北京、上海和四川绵阳。学校以特许经营方式开办，计划和当地足球学校及公立中小学合作，优秀的运动员将有机会前往美国和巴西进行交流学习。罗纳尔多表示看好中国足球市场和中国足球未来的潜力，希望能把自己对足球的理解传播到中国，"除商业因素外，主要考虑到中国拥有大量足球爱好者和运动员，而且现在政府和民间均对足球运动非常重视。我认为中国足球有群众基础、有决心，但可能尚未掌握正确的足球理念和方法，希望我的教学法能为中国足球发展作出贡献"。[1]

2016年是中拉文化年和奥运年，受到中巴两国外交部、国家汉办的重视和资助，9月1—14日，首个巴西中学生足球夏令营在中国成功举办。夏令营领队乔建珍院长表示，里约孔子学院于三月份开始组建校园足球队，由中国专业足球教练员执教，由河北师范大学优秀毕业生、孔子学院志愿者教师庞旭鹏担当教练，葡中双语高中的优秀汉语学员组成队员，营员们终于实现了他们来到中国的梦想。营员们在河北石家庄

---

[1] 《罗纳尔多将在中国办足球学校》，新华社，2015年9月29日，https://view.inews.qq.com/a/NEW2015092901700803。

中巴教育交流合作的佼佼者：里约孔子学院

开展了一系列以足球为主题的访问与交流活动；走访了河北师范大学、河北医科大学、河北地质大学、石家庄石门实验中学、石家庄外国语学校、河北师大附中等省内知名高校和中学，举行了四场足球友谊赛，在石家庄刮起一阵"巴西足球旋风"。在各个学校访问交流期间，巴西的小营员们第一次近距离地欣赏了中国传统武术表演，参观了博物馆，走进美术学院书法课堂，在体育学院运动训练和武术教学课堂体验中华文化和传统体育课程。在访问石家庄石门实验学校期间，乔建珍院长代表葡中双语高中与石家庄石门中学签订了友好学校合作协议，这成为两校友好合作的新起点。①

足球学校和足球夏令营获得了中巴双方的广泛赞誉，搭建了中巴青少年足球交流、比赛和展示的平台，为推动中巴教育、文化及体育交流起到了积极的作用。

四、总结

中巴建交四十八年来，伴随着全球化进程和中国的改革开放，两国在各个领域的交流日益频繁，搭建了多维度的合作平台。中国和巴西相互需要，务实合作是两国应当坚持的道路。无论在官方还是民间，中巴在教育领域的交流、合作逐渐多样化。作为中国的文化使者，孔子学院向巴西人民展示了中国丰富多彩的语言文化，里约孔子学院成为当中的佼佼者，不仅为中巴教育交流合作开辟了新的道路，更是成为中外教育合作的典范。里约中葡双语学校为巴西学生提供了一个系统学习中国语

---

① 《首个巴西中学生足球夏令营成功举办》，河北师范大学国际合作交流中心，2016 年 9 月 19 日，http://io.hebtu.edu.cn/a/2017/04/15/20170415172433.html。

言文化的机会。迎着时代发展的东风,里约孔子学院的师生,日复一日、年复一年地向巴西讲述中国故事,传播中国文化,促进中巴文化教育交流。

中巴美食：金风玉露一相逢，便胜却人间无数

孔傲翀[*]

美食总有一种抚慰人心的温暖力量。美食无国界，当第一家中餐馆出现在巴西的街头，中国美食便拥抱了热情的巴西人民。而说起巴西，除了足球和桑巴，中国人最耳熟能详的就是巴西烤肉。在如今的中国市场上，也经常会看到巴西烤肉的招牌字样，而巴西也正是依靠着烤肉，俘获了中国食客的舌尖，也让更多的中国人通过它进一步了解巴西。当两国的美食在各自的国民唇齿留香之际，中巴两国的人文交流又开启了新的篇章。

一、巴西美食在中国

巴西作为南美洲的大国，其文化影响力在全球范围内也表现非凡，而其饮食文化更是深刻影响了周边国家。巴西烤肉作为巴西美食的"招牌菜"，也代表着一种巴西的传统文化和商业品牌，不断在世界传播。

---

[*] 孔傲翀，重庆理工大学计算机科学与工程学院。

它一路越过美洲大陆，飞奔到中国。近几年来，巴西烤肉在中国的各大都市迅速扩展，席卷大江南北，深受国人喜爱。

（一）巴西烤肉传入中国

自1974年8月15日中国与巴西建交以来，两国文化领域交流合作不断发展。自1985年起，先后签订6个年度文化交流执行计划，在音乐、戏剧、杂技、造型艺术、广播、电影、电视、图书、出版等领域开展了一系列交流活动，并先后派出多个政府文化代表团互访。近年来，中国在巴西成功举办中国文化节、文物展览、艺术作品展、商业巡演等大型文化活动，巴西在华举办"走近中国—巴西国家展""巴西的亚马孙"摄影图片展等活动。上海世博会设有巴西馆，接待游客264万余人。[①] 在众多的文化交流中，美食也顺理成章成为中巴人文交流中浓墨重彩的一笔。

早在世纪相交的1999年，北京就陆续成立了多家以巴西烤肉命名的餐饮公司，这也成为了国内最早一批开展巴西烤肉业务的公司。同时，成都、济南、深圳、淄博、温州等国内其他城市也涌现了多家经营巴西烤肉业务的餐饮公司或餐饮门店。近年来，巴西烤肉店可谓在神州大地处处开花，来自大洋彼岸的独特味道和新奇的饮食方式深深吸引了国人的目光。

（二）中国的巴西烤肉店

在重庆市大都会西侧的古宾巴西烤肉店，整个店的服务和氛围都充

[①] 《中国同巴西的关系》，中华人民共和国外交部，https://www.fmprc.gov.cn/web/gjhdq_676201/gj_676203/nmz_680924/1206_680974/sbgx_680978/。

中巴美食：金风玉露一相逢，便胜却人间无数

满着浓郁的巴西风情。墙上分布着美轮美奂的彩绘，大堂中来回穿梭着"牛仔"，随处可见的热带雨林植物，配上激情荡漾的拉丁音乐舞蹈，这一切仿佛都在传递着一个热情又强烈的信号：欢迎来到巴西。

就餐的食客落座后，可以根据桌上特别设置的黄绿牌来示意工作人员是否需要服务，黄绿牌同时也是品尝烤肉的"信号灯"：绿面朝上，服务人员将会源源不断的把烤肉送到你面前；而黄面朝上，则表示不再需要烤肉了。

将绿面朝上，食客们期待的主角——久闻其名的古宾巴西烤肉就闪亮登场了，一位"牛仔"打扮的服务人员手握烤肉的铁钎和一把利刃来到食客面前，肉香扑鼻的同时，"牛仔"们会将不同品种、不同部位、不同生熟程度的烤肉送到食客面前，供食客享用。不仅如此，店里颇具巴西风情的烤猪排、烤羊排、烤鸡翅、烤香蕉等特色食物，都会让人眼前一亮。伴随着充满异国风情的美妙旋律和激情桑巴的绚丽舞姿，再挑剔的食客都会被眼前这别样的烤肉文化所征服。

如同该店的老板朱总所提到的，他希望打造一种让顾客感觉来这里不只是为了填饱肚子，而是花少量的钱享受一种高品质的服务。这样的理念使得这个原本为中国人量身定做的巴西烤肉店，也变成了许多外国人的聚会场所。[1]

在距重庆千里之外的首都北京，《人民日报·海外版》的原总编辑詹国枢也分享了他曾经带队出访南美洲考察时，巴西烤肉带给他的深刻印象。在其回国后撰写的文章中，就曾提到过巴西烤肉："虽然北京也有，也曾吃过，但去了一趟巴西，终尝正果，这才知道什么叫真正的巴西烤肉，什么叫'你要知道梨子的滋味，就得亲口尝一尝'。"

---

[1] 古宾：《最鲜美的烤肉、最迷人的巴西文化》，《重庆与世界》2005年第4期，第82—83页。

在巴西烤肉的做法上，北京与巴西似乎并无差异，都是大师傅在厨房里将牛肉浸上各种汁液，在炉中烤熟，再用铁杆一串，举到桌前，由客人自点，一片一片，切入盘中。但是味道却有所差异，主要原因在于原料。巴西烤肉中，有一款叫"牛峰"的特色肉，即牛的后背之上的肉，其特点是肉质特别鲜嫩，非常爽口。所以要想尝到真正的美味，只有真正的实地到访一下巴西，才是最正确的选择。①

（三）巴西美食在中国初露锋芒

早在2004年，由巴西政府、巴西贸易促进局、巴西食品工业协会、巴西美食界共同在上海举办的"上海首届巴西美食节"就引起了上海各界人士的关注，在上海巴黎春天大酒店举行的盛宴上，巴西美食专家、著名厨师亲手烹制的巴西美食更是赢得了到会宾客的赞扬。

在美食节上，巴西方面也借首次在上海举办美食节的机会展示了巴西的食品产业规模。巴西的食品产业规模庞大，在巴西的500家大公司中，约有10%的公司是食品生产企业。这就相当于3.9万个机构提供了大约100万个工作岗位。在巴西，加工食品业产量已占国民生产总值的10%。工业食品的出口成品总额在2003年高达130亿美元，在巴西出口总量中占有一席之地。② 奶制品、冷藏蔬菜、冷冻食品、鸡蛋、可可粉、精制油、冷盘、海鲜、淀粉、面粉、烘烤产品、醋、茶、意大利面食、汽水、酒类、快餐、调味品、香料、儿童食品、蔬菜罐头、天然蜂蜜、冷冻肉类和水果汁，都是巴西著名的出口产品。

虽然这是巴西美食节首次走进上海，但是巴西美食节在世界上可谓

---

① 詹国枢：《"巴西烤肉"现象》，《经济》2015年第10期，第8页。
② 郭誉成：《"首届巴西美食节"在沪引起轰动》，《上海商业》2004年第12期，第59页。

中巴美食：金风玉露一相逢，便胜却人间无数

家喻户晓，除了中国人熟知的巴西烤肉以外，巴西著名的菜肴"猪肉烩黑豆"也是巴西传统美食的精髓。它将猪身的不同部位与黑豆烩在一起。品尝时，通常饮用一种凯匹林纳（Caipirinha）的鸡尾酒，它是一种以卡沙萨（Cachaca）为基酒调制而成的鸡尾酒，在巴西有着"国民鸡尾酒"的地位，与其一同享用，味道更加鲜美纯正。

这次美食节走进中国后，有关巴西的"美食节""美食文化周"，以及国际会展上与巴西美食文化相关的内容越来越多地出现在中国大地上，为中巴两国的美食人文交流增添了许多亮色。

二、中餐走进巴西

中餐自从走出国门的那一刻起，就以独特的味道、实惠的价格、养生的内涵以及东西方文化对比下的特殊性发展壮大。海外中餐馆不仅是中华文化传播的重要渠道，而且也是华人海外生存与发展的基础。据不完全统计，全世界的海外华人中有超过 80% 以中餐业为生或者曾经经营过中餐馆。中餐业不仅给华人创造了大量的就业机会，还带动了各国华人经济的发展，因此，中餐业又成为海外华人的"诺亚方舟"。[①]

根据《世界华商发展报告》2007—2009 年的数据统计：英国约有中餐馆 9000 家，占全英各式餐馆的 1/4，有 80% 以上华人靠餐饮业为生；荷兰拥有 2200 多家中餐馆，占全荷各类餐馆的 28%，从业人数占荷兰华侨华人总数的 85%；德国 80% 以上的华人从事餐饮业，中餐馆和华人快餐店超过 7000 家；法国有中餐馆 8000 家，葡萄牙 600 家，加

---

① 赵海燕：《中餐业海外华人的"诺亚方舟"》，《侨园》1994 年第 2 期，第 20—21 页。

拿大多伦多有800多家中餐馆,温哥华超过1100家。华人餐馆业最发达的地方要算美国,其华人餐馆不仅数量多、规模大、品质高,而且分布广、影响深。①

巴西的中餐馆起步较晚,但是在各大城市也逐渐形成规模。2019年5月1日在旅游点评网站猫途鹰(TripAdvisor)上搜索圣保罗的中餐馆,显示有224家;搜索里约热内卢的中餐馆,显示有79家。还有一些餐馆分布在其他城市,共同组成了中餐在巴西的行业分布。

(一)个体商户的奋斗历程

2014年的里约,赖飞仰回忆起和父辈一道移民巴西,他和父辈经营的这间餐馆一开就是42年。最早时,从中国广东、福建及台湾移民南美的人很多,祖上就从事厨师工作的赖飞仰父亲在里约的街边摆起台湾小吃摊。岁月变迁,勤劳的华人很快积累了资金,开设了工厂,业务也扩展到南美各个国家,有的还发展到中国。赖飞仰家的小吃摊也变成了路边的小吃店。20年前,用存下来的8万巴币,他父亲在著名旅游胜地科帕卡巴纳海滩租下了一间门面。

"40年前的里约热内卢和现在比起来变化不大,巴西的城市建设比较缓慢,很多具备历史面貌的建筑也不会拆掉。"赖飞仰说,但同时期的巴西餐馆,现在已难觅踪影,"当地人来中餐馆消费,是冲着用筷子的好奇心"。从最初的只有华人消费,到各色人种都来尝鲜,餐饮这一行却能在华人数量很少的南美持续发展。如今,国内游客前往南美的数量不断上升,虽然平时很少看到顾客挤满餐馆,但赖飞仰并不担心,"我的大儿子也经营了自己的中餐馆。在里约,你可以打开手机地图搜

---

① 《美国中餐发展150年历史回顾(三)》,中餐通讯,2010年11月10日,http://www.c-r-n.com/contents/762/11472.html。

索，和5年前比起来，现在中餐馆的数量至少多了两倍。"他认为，随着中国与世界距离的拉近，在充满葡语的里约街头，汉字的不断出现能刺激当地人的中餐消费需求。

餐馆里现在有6名巴西服务员，其中两个会说英语，但每每碰到华人点餐，他们会用"夹生"的汉语推荐"回锅肉""宫保鸡丁"，然后按中餐馆的习惯，给客人递上碗筷和一杯餐前茶。餐馆的菜单用葡语、英语、日语和汉语列出菜肴。不过，汉字却有不少错别字："宫保"成了"公爆"，"榨菜"则是"炸菜"等。赖飞仰感到很抱歉，他解释说，巴西人看不懂汉字，而他也没有认真考证菜名的正确写法。"原本我想，只要读音正确，大家能听懂就行，过几天我会重新打印菜单。"赖飞仰说，让巴西人通过餐馆了解中国，是他年逾七旬仍坚持站在前台的动力。[①]

（二）打工夫妻创业开办小餐馆

在2014年的世界杯期间，41岁的李冬梅依然清楚地记得和46岁的丈夫王卫帮是2002年1月来到遥远的南美，在巴西里约开始了全新的人生旅程。经历了在餐馆打工的艰辛，这对来自广东台山市的夫妻已经拥有两家餐馆。

在他们自己的菜馆"帮记"里，用餐的地方墙上挂着一台电视，电视里正播放着世界杯球赛，人们争先恐后地寻找最佳的观赛座位，而此时，"帮记"团队们正在准备各种美食。他们是全家总动员，"我们雇了4个当地服务员，每天工作8小时，每月800雷亚尔。而我堂弟在做'中国饺子'，我老公的侄子、还有一个朋友忙着煎牛排"。

[①]《让巴西人通过中餐馆了解中国》，和讯网，2014年7月3日，https://m.hexun.com/news/2014-07-03/166283803.html。

除了巴西传统的黑豆饭、牛肉，这里还有看上去稍显怪异的中餐——宫保鸡丁饭和青椒肉丝饭，价格为17雷亚尔一份，对比这里的物价，价格适中。此外，菜单上还有各色各样的炒面。李冬梅继续透露，当地人比较爱点13雷亚尔一盘的炒面，"牛肉炒面、鸡肉炒面他们很喜欢，每天加起来有上百份吧"。

这对广东夫妻的儿子、17岁的王冠鹏还推荐了一道独具特色的点心——"中国饺子"。"中国饺子"外表看上去更像是面包，但打开一看，内里"别有洞天"，"馅有牛肉和鸡肉的，还有一个鸡蛋，每个售价3雷亚尔"。

这种"中国饺子"在贫民区的门店卖得非常好。在市中心打工的人，一般会选择合租，他们就吃一餐"中国饺子"，3雷亚尔一个，贫民区售价会便宜点，2.2雷亚尔一个，他们还喜欢喝1.5雷亚尔一杯的石榴汁、菠萝汁。

世界杯期间，全世界球迷涌入巴西，这给小店带来了丰厚的营业额。"每天大约5000多雷亚尔，平常差不多3000雷亚尔。"相比以往，世界杯期间"帮记"每天多挣2000多雷亚尔，差不多多挣了一倍的钱。当然，为了打好世界杯这一仗，他们全家也是起早贪黑。"我们早上9点左右开门，平常晚上10点左右下班，世界杯打响后这些天，每天基本都要营业到12点。"值得一提的是，世界杯结束后，他们极有可能改变餐馆的经营思路，改推称重自助，即以食物的重量算钱。"不管怎么变，我还是希望能把餐馆经营下去，保障我们全家人的生活。"①

---

① 《广东夫妻巴西开中餐馆每天能进账15000元》，搜狐新闻网，2014年6月24日，http://money.sohu.com/20140624/n401209560.shtml。

(三) 在中餐馆的巴西人

在巴西南部城市阿雷格里港，一个名叫"友谊酒家"的中餐饭店，老板叫周荣华，上海人。年近六旬的周荣华在 20 世纪 70 年代初毕业于上海首届烹饪学校，1987 年移民定居巴西阿雷格里港。周荣华说，他平时没有什么爱好，不打牌，也不搓麻将，有空时喜欢看看书，或在 CCTV 上看《天天饮食》节目，从中学习一些新的菜谱。他说，阿雷格里港不是一个人口流动量大的城市，来这里吃饭的客人都是当地的常客。要留住这些顾客，诀窍就是要不断翻新菜谱，经常推出几个新的菜肴，用新花样来吸引和留住顾客。

到友谊酒家用餐的大多是巴西的商人、医生和律师，与中国有商业往来或学术交流，不少人去过北京、上海和广州等大城市。周荣华说："凡是这些客人去中国之前，都要到我们这里进行咨询。他们过去只知道中国经济发展很快，但访华归来后，他们都会翘起大拇指称赞中国好，好得出乎他们的想象。问他们下次还去不去，他们异口同声地说当然。"

友谊酒家老板周荣华当大厨，妻子李梅云当收银员，他们在当地雇用了 12 名巴西工人，其中 3 名是掌勺的厨师、2 名配菜员、还有洗碗工、服务员等。由于周荣华是中国烹饪学校科班出身，老师是上海特级大师，所以他做菜特别考究，受到巴西顾客的好评，他们的饭店被巴西《瞭望》杂志多次评为最佳中餐馆。

周荣华指出，"在我这里留下来的巴西员工，工作都很认真，最长的已工作了 9 年，是我们的好朋友。我们华人对巴西工人要将心比心，只要对他们好，他们也会投桃报李。对那些留下来工作的员工，如果他们遇到生活上或家庭上遇到困难,我们总是尽量想办法帮助他们。"①

三、美食对中巴双边关系的促进

自从最先到达巴西的中国人通过餐饮立足并一步步壮大,越来越多的巴西人也通过各种各样的中餐馆了解中国美食和文化。星星之火,可以燎原。两国人民舌尖初尝彼此遥远的味道,这种最初的"店主与食客"之间的简单关系作为早期两国人文交流的桥梁,同时也为后续两国官方机构和民间组织力量的参与提供了渠道。国之交在于民相亲,民之亲在于心相通,心相通在于味相连。中巴之间也正是通过美食这一特殊的媒介,促进了两国民众了解大洋彼岸的文化,更积极有效地推动了双边关系的发展。

(一)美食促进两国民众文化交流

中国人对于美食有一套独特的理念和看法,而中华民族包容的特性也使得无论是来自何地的美食,都能够在这片古老的土地上扎根。在中国扩大开放的背景下,当巴西美食映入中国人的眼帘,端上中国人的餐桌,东方的舌尖与南美的狂野相遇,则注定要演化为一段动人心弦的新奇故事。

在2017年,参加"走进中国使馆"活动的26名巴西外交部白河学院"准外交官",以及12名在白河学院进修葡语国家和拉丁美洲国家交流生走进中国驻巴西使馆。这场以"走进中国使馆,了解中国文化"

---

① 《中餐馆在巴西落地开花 巴西人对中餐青睐有加》,人民网,2013年3月5日,http://shipin.people.com.cn/n/2013/0305/c215731-20681895.html。

中巴美食：金风玉露一相逢，便胜却人间无数

为主题的活动虽然只有短短的两个小时，但中国驻巴西使馆却为白河学院师生们准备了一场形、色、香、味俱全的中国文化盛宴。师生们在充满中国人文气息的氛围里，走近中国文化，体味中国文化的博大精深，领悟中国文化的独特魅力，感受中国人的热情好客。

使馆厨师制作的春卷、酥皮莲蓉卷等中国特色小吃让师生们在饱口福的同时领略了独特的中国饮食文化。使馆的青年外交官们向来宾们展现了茶艺、书法、生肖的文化。"茶香入心亦醉人"，优雅柔美的茶艺表演和沁人心脾的茶茗香气令在场的每一位师生陶醉。

茶歇期间，他们饶有兴致地把玩起中国的"文房四宝"和茶艺器具，向驻巴使馆的青年外交官们"讨教"更多关于中国文化的知识。"这么软的笔怎么能写出这么规整的字？""现在中国是不是只有老人才泡茶，年轻人也会泡茶吗？"……中巴两国青年外交官的交流互动其乐融融。

活动结束时，很多师生激动地向使馆人员表示"走进中国使馆"是他们经历过最好的一次活动，使他们近距离地体验到了中国文化的魅力，丰富了对中国的认识，愿在今后的外交生涯中为促进中巴友谊和合作做出贡献。①

中国美食文化历史悠久、博大精深，是中国文化的重要组成部分。巴西的中餐馆和中餐业从业者不断提高中餐烹饪技能和管理水平，不断创新，打造中国美食品牌，为在海外大力推广中国美食文化、增进中巴两国人民的友谊做出新贡献。

---

① 《一次璀璨的中国文化之旅，一次和谐的中巴友谊之行——记巴西外交部白河学院师生"走进中国使馆"活动》，中华人民共和国外交部，https://www.fmprc.gov.cn/web/gjhdq_676201/gj_676203/nmz_680924/1206_680974/ywfc_680996/t929150.shtml。

（二）美食增进中巴文化互信

2019年4月，在位于北京的民生现代美术馆举办了一场别开生面的巴西美食节讲座活动，巴西明星主厨莫雷娜·雷特与现场的观众们进行了中巴美食文化的交流碰撞，让中国食客们也有机会一尝巴西的地道美食，分享自己的美食哲学，"烹饪于我而言是热爱、技巧、规划和直觉的融合，可以向食客们传递一个国家、一个民族、一个家庭的味道和传统"。莫雷娜成长在父母开的餐馆兼旅馆里，从小就接触了来自世界各地的旅客和食客。从巴黎的厨艺学校毕业后，莫雷娜1999年回巴西开办了自己的餐厅，用法国烹饪技巧使巴西食品焕发生机，并由此传播巴西文化。此外，莫雷娜还面向学校的青年们开办了许多烹饪培训网点，帮助学生就业；跟随巴西美食电视节目组遍访巴西，寻找巴西美味和文化习俗的根源。

巴西美食的特点是融合。无论是巴西的人种，还是巴西的文化传统，都是首先由当地的印第安人和外来的葡萄牙人、非洲人共同构造，之后又融合了来自中国、日本和阿拉伯等不同地域的文化。

莫雷娜对中国美食情有独钟，她最喜欢的中国菜是北京烤鸭。在她给中国食客精心准备的南美风情盛宴中，就有一道由鸭肉和木薯巧妙结合的美味。

许多巴西人很喜欢中国菜，也是受到了生活在巴西的中国人的影响，美食是联结中巴友谊的纽带。餐饮文化是两国交流的一把钥匙，希望越来越多巴西民众通过中国美食了解中国。①

随着中国对外开放的持续扩大，人民收入的增加和生活水平的提

---

① 《巴西明星主厨来华开启美食文化盛宴》，搜狐网，2019年4月1日，http://www.sohu.com/a/305252429_267106。

高，越来越多的商业活动关注到巴西美食文化这个极具吸引力的领域。如今在各个城市，无论是楼盘的开幕、酒店的营销还是商圈的广告，都可以看到有关巴西美食的身影，这种民间的、更接地气的活动形式，为中国人进一步了解巴西，为两国的人文交流，提供了更直接的平台，传递了更直观的感受。

2017年7月26日，巴西中餐业协会成立典礼在圣保罗花园酒店举行。中国驻圣保罗副总领事傅长华、侨务领事张于成，浙江省侨联副主席张维仁及代表团成员，以及当地华人社团侨领、巴西友好人士等共200多人出席。

巴西华人移民巴西已有200多年历史。中餐业已不仅仅是让广大华人华侨在巴西站稳脚跟、谋生发展的工具，通过中餐生意，可以使华人华侨与巴西人民增强了解，并结下深厚的情谊，也让当地人民通过"中国美食"认识了中国，了解了中国。巴西中餐业协会将团结中餐业同仁，用中华美食来丰富巴西人民的餐饮市场，用华侨华人经济来推动巴西当地的经济发展，用中餐业良好的经营面貌来讲述中国故事，共同为了中餐业的繁荣做出贡献。

中餐业者将进一步加强经营管理，提升产品质量和标准，提高从业人员素质，加强培训学习，推动实现巴西中餐业的标准化、国际化、品牌化、规模化发展，从而能够更好地弘扬中华美食文化，更快地推动华侨华人经济的发展，推动中巴文化交流。

巴西中餐业协会为巴西华人侨界注入了新鲜血液，为华人社团又增添了新成员，这是巴西华人社团不断发展壮大的表现。中餐的市场很大，发展前景广阔。巴西中餐业协会团结业内同仁，积极维护中餐业主合法权益，宣传中华美食文化，引导中餐业主规范经营，不断提高中餐业在巴西的整体形象，推动中餐业在巴西取得更好发展。

巴西中餐业协会的成立必将为加强圣保罗乃至整个巴西中餐馆业主的横向联系，为提升中餐厨艺水平搭建一个很好的平台。为弘扬中华美食文化，振兴华侨餐饮经济，讲好美丽中国故事，当好中外民间大使做出努力，贡献力量。[1]

巴西中餐业协会是巴西首个中餐协会组织，它的成立具有里程碑的意义。巴西中餐业协会将发扬光大中华饮食文化，挖掘和拓展中国餐饮文化内涵，搭建餐饮行业学习交流和友好往来的平台，把中华美食融入巴西主流社会，为促进中巴餐饮文化交流做出贡献。

（三）美食加强中巴经贸联系

在2018年11月，由中华人民共和国商务部、上海市人民政府主办的首届中国国际进口博览会（以下简称"进博会"）上，巴西出口投资促进局商务总监玛西亚·奈杰姆（Marcia Nejaim）女士就表示，"这次来参加进博会，巴西要用'最巴西'的美食让中国消费者重新认识巴西。"

除了巴西烤肉这样的代表性美食，巴西也有"咖啡王国"的美誉。作为首届进博会主宾国之一，巴西带来了咖啡等美食，也带来了扩大双边贸易的美好愿景。玛西亚·奈杰姆表示："与以往不同，这次我们不通过经销商，而是与中国消费者'零距离'对接。"此次进博会巴西代表团有来自各行业的250多位企业家组成，这是巴西来华参展阵容最大的一次。代表团带来的展示产品有甘蔗酒、巧克力、红酒、椰子水、巴西莓等。当然，"咖啡之国"的展示产品必然少不了咖啡。玛西亚·奈杰姆还表示，"这次带来的不仅是巴西咖啡，还要向中国引进巴西的咖

---

[1]《巴西中餐业协会成立晚宴》，巴西华夏传媒网，http://www.chinarte.com.br/portfolio/gastronomiachinesa/。

啡文化。中国是个很大的市场，中国消费者的需求也越来越多元化，进博会将让我们能更好地了解中国消费者的消费习惯。"

巴西咖啡出口商理事会 2019 年公布的报告指出，随着中国采购量的增加，2018 年巴西咖啡的出口量达到了 3550 万袋，是近两年来的最高水平。与此同时，中国市场对巴西咖啡的需求增长了 150%。[①]

在美食交流的影响下，不仅巴西大豆出口中国大幅增长，其他农产品同样出现可喜的增长势头。我国是世界大豆的主要消费国之一。2018 年我国大豆消费量超 1.4 亿吨，消费量位居世界第一。2018 年，中国大豆进口总量达到 8803 万吨，其中来自巴西进口的大豆有 6608 万吨，占 75%。目前，中国在巴西进出口贸易中均排第一，是巴西最大的贸易伙伴。[②]

表 5-1　巴西出口中国部分农产品情况

出口产品	2018 年出口量（万吨）	2013—2018 年增长比例
大豆	6608.00	16%
牛肉	32.30	285%
玉米	7.61	30%
咖啡	0.80	34%

数据来源：联合国贸易数据库。

2019 年，巴西对中国出口 576.2 亿美元，出口产品包括：大豆、

---

① 《中国助力巴西咖啡出口量达近两年最高水平》，中国国际贸易促进委员会驻巴西代表处网站，2019 年 2 月 1 日，http://www.ccpit.org/Contents/Channel_3929/2019/0201/1122461/content_1122461.htm。

② 洪锐、石磊、夏丽萍：《中美贸易战背景下中国与巴西大豆贸易态势分析》，《中国市场》2020 年第 7 期，第 6—8 页。

铁矿砂、石油、玉米、纸浆、鸡肉、豆粕等。① 农产品作为传统优势，在巴西国内备受重视。目前，在可持续生产和食品安全方面，巴西处于全球领先地位。巴西已成为全球最大的粮食净出口国，农业和畜牧业占巴西国内生产总值的 20% 以上。该国 66% 以上的地区都覆盖着原生植被。② 巴西有严格的环境保护法，以及实施低碳热带农业以限制温室气体排放的机制。玛西亚·奈杰姆表示，"巴西拥有非常好的耕地条件，在环境保护、水安全和食品安全方面严格遵守可持续发展原则，并希望能以此提高我们的农产品产量。"

除此以外，巴西出口投资促进局在上海举办了"中巴进出口食品安全标准技术交流会"，会议期间，巴西出口投资促进局和中国出入境检验检疫协会签署了备忘录，以便双方更好地互相了解食品饮料安全和生产方面的可持续性标准。

四、总结

陈晓卿曾经在《舌尖上的中国》讲到："无论是多么惊心动魄的历史进程，落在食物上，都是不露声色的简单。遥望曾经，当中国人的脚步初次踏上巴西这片热土，扎根于中国人骨子里那份对故乡滋味的渴望与眷恋就在这 200 多年的时间里，慢慢成为了全体在巴华人的味觉家园。热情的巴西人也并没有拒绝这份来自大洋彼岸的中国味道。在如今的巴西社会，去吃一顿中餐，已经成为了巴西人民外出就餐的重要选择

---

① 《2019 年巴西对外贸易》，中华人民共和国商务部网站，http://www.mofcom.gov.cn/article/i/dxfw/nbgz/202001/20200102929569.shtml。

② 《"中巴进出口食品安全标准技术交流会"在沪举办两国专家热议食品安全可持续标准》，搜狐网，https://www.sohu.com/a/273339485_115362。

之一。一盘宫保鸡丁，一头是中国厨师的手，一边是巴西食客的胃，唇齿之间，两国人民的心便借着这小小方寸之间的菜肴走得更近。"

无论是中餐遇见巴西，还是巴西美食遇见中国，有的是叫人动容的邂逅偶遇，有的是令人击节的相见恨晚。两国人民为了美好的生活奋斗着，食物的流转，居所的变迁，中国人将其称之为"缘分"，巴西人则称之为"命运"，或许千变万化的是端上桌的那些种类繁复的美食，而不变的是两国人民用食物表达友好的情谊真心。

巴西狂欢节中的中国元素

周心语[*]

巴西狂欢节游行因其丰富的主题和各具特色的队伍,动人的音乐与欢快的韵律,热情的舞蹈与流行的编舞,缤纷的色彩和夸张的造型,吸引着世界各地的人们。

桑巴舞校大游行世界闻名,是巴西里约热内卢和圣保罗地区文化的重要标志。在巴西,每个地区的狂欢节也有自己的特点,以规模最大的里约狂欢节游行为例:里约狂欢节开始于希腊传奇人物"莫莫国王"的加冕,市长将钥匙交给"莫莫国王"标志着里约热内卢狂欢节的开始。[①] 在桑巴大道[②]上,各个桑巴学校将一年的准备汇集在此次游行中,选手们各展风姿,用最热情的表演一决雌雄。在桑巴大道上观看表演需要买票,其他街道的表演都是免费的,大家也可以加入表演队伍,这使得参加狂欢节的人群络绎不绝。在巴西的东北部,尤其是萨尔瓦多和累

---

[*] 周心语,四川外国语大学西方语言文化学院。
[①] "莫莫国王"(Rei Momo)起源于希腊神话,在巴西演变为一个热爱狂欢节、鼓舞狂欢节、指挥狂欢节的角色。在里约热内卢狂欢节的传统中,市长将钥匙交给"莫莫国王",以此象征"莫莫国王"在狂欢节期间掌管这个城市,同时这也意味着狂欢节的开始。
[②] 桑巴大道位于巴西里约热内卢,是里约热内卢狂欢节中桑巴游行的固定举办地,花车和游行队伍都在桑巴大道中间展示并前行。

西腓，狂欢节的庆祝仪式也十分受人欢迎。在萨尔瓦多，百万人走上街头庆祝狂欢节；在累西腓，狂欢节庆典伴随着巴西北部的狂欢节群众舞蹈"弗雷沃"（Frevo）[①]进行。

游行中，大型彩车、鼓队、旗手最受观众的注目，令人印象深刻的面具、新奇的服装总会收获雷动的掌声。桑巴主题曲[②]是桑巴舞校游行的主要元素之一，它能够传递游行队伍想要表达的信息，是各个队伍游行主题的缩影，也是狂欢节完美演出的制胜法宝。每个桑巴舞校都会编写自己的主题曲，主题曲的内容通常是称赞非洲人民的文化历史、发表社会政治评价或者表现巴西文化的特征等。

一、巴西狂欢节中中国元素的发展历程

（一）狂欢节游行中的中国元素

中国是具有悠久历史的礼仪之邦，中华文化源远流长。中国元素也在巴西狂欢节中不断出现，收获了无数巴西人的称赞，成为巴西狂欢节中的亮点。

2010年，阿格雷狂欢节桑巴游行表演中，雷斯廷加桑巴舞校（Estado Maior da Restinga）进行名为"雷斯廷加与盛世中国"（Restinga é do tamanho da China）的游行，诉说了中国悠久的历史，让中国文化绽放在全世界人们眼前，拉开了中国元素盛行的序幕。游行中出现5辆以

[①] "弗雷沃"起源于19世纪末，名字起源于词汇"ferver"（沸腾），是巴西重要的音乐和舞蹈形式之一。

[②] 在狂欢节中，每个桑巴学校都会为比赛编写并推广自己的桑巴主题曲。

中国为主题的大型彩车，阐述了中国的宏伟建筑、传统文化、中国故事与现代风采。舞校的桑巴服饰采用了大量的中国元素，如有祥龙图案的唐装、红布鞋、兵马俑所穿的盔甲等衣物都有着浓浓的中国气息。在最后一辆彩车上，悬挂的屏幕中播放着中国改革开放和现代化建设所取得的巨大成就，展现了中国的飞速发展与进步。雷斯廷加舞校的桑巴主题曲也展现了中国的千年文明，歌中唱道："自从盘古开天地，诞生了一个拥有悠久文化的人民，不断更替的朝代中涌现了无数勇士，雄伟的长城成为她的屏障。中国人民在自己的土地上取得了非凡成就和胜利，中国是体育和武术的冠军，中国的发明使旧世界焕然一新。中国烹饪丰富多彩，'丝绸之路'连接世界。中国有勇敢的士兵和勤劳的工人。狮子是和谐的卫士。龙的传人创造了神话般的民间艺术。中国是艺术和宗教的故乡，春节是传统节日。这个伟大的国家经济飞速发展，重视环境的保护。"雷斯廷加舞校充满创意的表演将中国元素展现得淋漓尽致，惊艳了观众，征服了评委，在甲组13所学校中荣获亚军。[1]

2014年，在阿格雷里港的狂欢节上，莱奥波尔多皇后舞校（Imperatriz Leopoldense）以"中国"为主题参与狂欢节，游行由4辆彩车，17个队列，近1500名成员组成。主题曲"千年的传统、历史与文化：皇后赞颂中国"（Milênios de tradição, história e cultura – A imperatriz celebra a China）体现了中国的文化与传统，赞扬了中国智慧、中国美食与中国发明。主题曲写道："中国的千年文化至今令我们着迷，那是一个富饶的国度，冒险家穿过大陆与海洋，去找寻智慧，找寻美味，歌声摇晃着战士，唤醒了巨龙；太阳因其魅力而重新升起，它的未来预示着发展

---

[1]《中国主题唱响巴西南部城市阿雷格里港狂欢节》，国务院新闻办公室门户网站，2010年2月23日，http://www.scio.gov.cn/m/hzjl/hdjj/wz/Document/551442/551442.htm。

的时代即将到来。"① 游行将舞校特色与中国元素相结合,期望恢弘又神秘的中国元素能够震撼评委与观众,让此次游行能够成为经典,也让舞校能够继续留在特级组的名单中。

2017 年是中国鸡年,狂欢节的时间也与春节的时间相近。因此,"拂晓雄鸡"(Galo da Madrugada)俱乐部作为曾进入吉尼斯纪录的最大游行队伍,在这一年选择了与之接近的"中国鸡年"作为亮点,将中国传统巨龙的花车放入游行队伍中,巨龙随着"弗雷沃"的节奏起舞,金色巨龙身上写着"2017 年是中国的鸡年",以此隔空对中国春节进行祝贺。②

2018 年,"塞拉诺帝国"(Império Serrano)舞团凭借主题"桑巴帝国的中国之路"(O Império do Samba na Rota da China)向观众展现了一次中国千年文化之旅,并以此来反映巴西是如何受到中国文化、中国发明的影响。表演中一大亮点在于 25 位来自巴西的杂技演员分布在队列的不同位置表演舞龙与舞狮。表演的另一个亮点在于舞校的第 3 辆彩车:随着"一带一路"倡议在全球的推进,丝绸之路也受到了巴西人的关注,这辆彩车还原了丝绸之路的故事,演员们扮演来自东方的商人,以丝绸等物品与巴西大众进行商品交换。表演从中华文明的起源讲起,以丝绸之路为线索,不仅展示了中国的悠久文化,也展示了中国的创新创造。中国智慧与中国发明也蕴含在了此次的桑巴主题曲中,整个游行见证了中国文明对世界的影响。③

在 2020 年,维拉玛丽亚联合桑巴舞蹈学校(A Unidos de Vila Mari-

---

① Daniel Bittencourt, "Imperatriz Leopoldensecelebrará a culturachinesa no PortoSeco," Fevereiro 7, 2014, http://g1.globo.com/rs/rio-grande-do-sul/carnaval/2014/noticia/2014/02/imperatriz-leopoldense-celebrara-cultura-chinesa-no-porto-seco.html.

② Xinhua, "2017 Carnival in Recife salutes Chinese Year of the Rooster," Fevereiro 27, 2017, http://chinaplus.cri.cn/photo/world/19/20170227/743_1.html.

③ Rodney Mello, "Oimpério Serranona Rota da China," Fevereiro 13, 2018, https://m.youtube.com/watch?v=5PPz3CQsIec.

a）也发出了对中国的赞扬。带有中国传统雕塑的花车，象征中国形象的憨态可掬的大熊猫，传统的中国戏曲服饰、历史人物、民俗故事、科学技术、新能源等主题纷纷出现在表演中。在主题曲中写道："中国的伟大及充满智慧的思想向世界展现了它的吸引力。中国人民的梦想让桑巴加足马力，让维拉玛丽亚桑巴舞蹈学校展开幻想"，主题曲歌词中还用中文读出了"谢谢"，极具中国特色。维拉玛丽亚桑巴舞蹈学校从多个角度全面地展示中国文化，讲述中国故事，在圣保罗的狂欢节，为人们展示一个多彩的中国。这也是以中国文化为主题的游行首次进入圣保罗的狂欢节，中国元素登上了巴西狂欢节最盛大的舞台，为狂欢节注入新的活力。①

（二）狂欢节中的中国面孔

巴西狂欢节中，不仅花车中带有中国元素，游行队伍中也有着中国面孔。

2010年中，浙江金华婺剧团参加雷斯廷加桑巴队伍，向巴西观众展示了中国戏剧的变脸艺术。团里由9名中国男演员组成的舞龙队，舞起"长龙"。"长龙"走到哪里，哪里的观众就爆发出热烈的掌声。阿雷格里港市长若泽·富戈萨表示，有中国艺术加盟表演，他感到十分开心与自豪。②

2016年2月9日，56岁的中国人陈菁在里约热内卢狂欢节中参加

---

① Ricardo Matsukawa,"Vila Maria supera problemas e empolga com pandas ao homenagear a China," Fevereiro 23, 2020, https://www.uol.com.br/carnaval/2020/noticias/redacao/2020/02/23/unidos-de-vila-maria-busca-titulo-inedito-mostrando-a-grandeza-da-china.htm?cmpid=copiaecola.

② 吴志华：《巴西狂欢节上的中国文化魅力》，人民网，2010年2月16日，http://world.people.com.cn/GB/1029/42358/10980845.html。

了游行表演。陈菁在中国从事拉丁舞教学，对拉丁舞十分热爱，由于女儿在巴西工作，她在巴西探访女儿期间，借机在贝尔福罗克索桑巴舞校（Comunidade da Inocentes de Belofoed Roxo）学习。尽管陈菁并不会讲葡萄牙语，但是在女儿的帮助下，凭借对桑巴的热爱，她加入了A级非专业表演方阵中。[1] 游行中，陈菁收到了无数好奇的目光，也收获了无数的掌声与鼓励，她的故事登上了巴西的报纸，也被中国媒体报道。[2] 在巴西的报道中，陈菁被视作中国人参加狂欢节的成功代表，她的照片也被放在报道顶部。[3]

2017年开播的《花儿与少年》节目中，当红男女明星也到了里约热内卢，参与狂欢节活动。明星们也去桑巴学校学习了桑巴舞，并登上了舞校的压轴花车，成为了首批登上狂欢节花车的中国艺人。[4]

二、狂欢节中的中国元素解读

（一）狂欢节中的中国文化

2009年，游行活动中大放异彩的雷斯廷加桑巴舞校派遣代表团来

---

[1] Káthia Mello, "Passista chinesa, argentino ritmista... Conheça os gringos da Sapucaí," Fevereiro 9, 2016, http://gl.globo.com/rio-de-janeiro/carnaval/2016/noticia/2016/02/passista-chinesa-argentino-ritmista-conheca-os-gringos-da-sapucai.html.

[2] 荀伟：《中国阿姨跳桑巴狂欢节上成"亮点"》，搜狐网，2016年2月9日，https://www.sohu.com/a/58461602_115402。

[3] Káthia Mello, "Passista chinesa, argentino ritmista... Conheça os gringos da Sapucaí," Fevereiro 9, 2016, http://gl.globo.com/rio-de-janeiro/carnaval/2016/noticia/2016/02/passista-chinesa-argentino-ritmista-conheca-os-gringos-da-sapucai.html.

[4] 刘书兰：《花少团挑战巴西狂欢节直播燃情热舞引爆全场》，搜狐网，2017年5月8日，https://yule.sohu.com/20170508/n492183839.shtml。

中国取材，为第二年的狂欢节表演做准备。他们到了北京、上海和西安，感受到了北京紫禁城的宏大、西安古城墙的厚重，也体验了上海作为现代大都市的魅力。感受中国文化的同时，也亲眼看到了中国的发展，以在中国的亲身体验为基础，创造出了此次表演。2010年雷斯廷加桑巴舞校在表演后便受到了中国观众的注意。来自中国学校的学生和企业代表团来到舞校进行参观，为舞校带来切实的收益。

2014年阿格雷里港的狂欢节中，舞校桑巴主题曲的歌词创作者的灵感来源于中国历史电影。与雷斯廷加的桑巴舞校进入中国考察不同，媒体也是巴西人了解中国的方式之一，通过电影了解中国清朝的服饰与文化元素，助力皇后舞校登上了特级组。

2017年，在累西腓的狂欢节上，"拂晓雄鸡"俱乐部致敬中国鸡年。中国春节与巴西狂欢节时间相近，随着中国的影响力不断增强，中国春节也被越来越多的外国人所关注、认同。此外，中国春节具有阖家团圆、共同欢庆的意味，其基调也与狂欢节相同。

2018年，"塞拉诺帝国"桑巴舞校参与策划此次狂欢节的门德斯（Mendes）在受访时表示，舞龙与舞狮也是中国文化的标志。在中国的欢庆活动，比如商店、购物中心的开幕式，都用舞龙和舞狮表示带来好运与能量。与传统的舞狮不同，在狂欢节表演中的狮子跳起桑巴舞，将中国文化与巴西文化相结合，创造出极富吸引力的表演。丝绸之路故事的展开，丝绸之路彩车的前进，也反映出"一带一路"倡议的重要性和影响力。①

2020年，维拉玛丽亚联合舞校总策划师格里斯，在为期45天的中

---

① Gustavo Ribeiro, "Império de volta à elite do samba," Fevereiro 5, 2018, https://odia.ig.com.br/_conteudo/2018/02/diversao/carnaval/5511400 - imperio - de - volta - a - elite - do - samba.html#foto = 1.

国之行中，走访少数民族地区，深入了解中国发展。最终以独特的巴西视角，见证了中国的蜕变，展示了中国底蕴深厚的文化与先进的现代科学技术。

巴西狂欢节也是一个多元文化的节日，在保持自己文化特色的同时，狂欢节也融入了其他民族与文化的特点。在巴西传统的节日中也出现了与之迥异的中国文化的影子，证明了中国文化的吸引力。中国元素带来的欢乐感染了各国人民，与桑巴风格狂欢节相映成趣，相得益彰。中国元素遍布狂欢节的背后，也代表着中国文化的开放性、包容性和可塑性，以及巴西对中国文化的高度认同。每个国家的文化也能从服装上体现出来，中国传统服饰与狂欢节的色彩十分符合，这也是巴西人喜欢中国元素的原因之一。狂欢节的服装主要有吸引人眼球的作用，因此通常具有闪亮、颜色明艳的特点。银色的中国士兵服饰、传统的中国红民族服饰、可爱的大熊猫头饰都与巴西狂欢节十分相配，代表中国年的红色也十分符合狂欢节的特质。巴西模特布卢娜·比翁在看中国传统衣服走秀时表示，中国衣服上的图样和花纹都很有特色，衣服材质也很有质感，让她联想到巴西狂欢节的服饰。①

在狂欢节中出现大量的中国元素是符号式元素，这样的中国符号有着深厚的内涵与吸引力。不论是中国历史、中国建筑、中国人物乃至中国标志，都是中国文化的符号象征。深入分析巴西狂欢节桑巴游行中出现过的中国元素，我们能够发现，作为具有五千年历史的文明古国，中国传统文化受到了巴西人的热爱与推崇。如同"塞拉诺帝国"舞团负责人法比奥（Fábio）所说，"不论是中国传统历史，还是传统建筑，都

---

① 罗丹：《中国贵州非遗文化展亮相里约》，国际在线，2019 年 4 月 4 日，http://www.br-cn.com/news/qs_news/20190404/127556.html。

非常值得进行深入研究。"①

（二）狂欢节中的中国形象

我们通过狂欢节了解了巴西，而巴西狂欢节中的中国元素以一个"他者"的形象向我们反映巴西眼中的中国。以历史的眼光来看，2010—2020年，狂欢节中的中国元素代表了巴西对中国的印象乃至于中国标志的变迁，其呈现的中国形象更加立体，与真实的现代中国形象更加符合。从2010年以中国千年文明为亮点，2016年自动将巴西文化与中国文化相结合，到2019年以丝绸之路为线索，展示中国智慧与中国创造，并用一辆大型彩车重现丝绸之路，再到2020年展示中国科技见证中国变迁。我们能够看到随着中国"一带一路"倡议的推进和中巴关系的不断加深，巴西人眼中的中国形象也在改变。中国形象也越来越多样化，不仅只有传统文化具有吸引力，中国的创造与智造，中国的科技也成为巴西人对中国印象的一部分。对中国的歌颂从巴西的内陆城市走向更大的舞台，越来越多地区的巴西狂欢节乘上中国的东风，中国的变迁与现代化也成为狂欢节吸睛的一大法宝。丝绸之路也被当作一个重要的文化节点来呈现，这与中国"一带一路"倡议在沿线国家不断发展，在全球的影响力不断深化不无关系。

同时，中国面孔的出现也有助于中国立体形象的塑造。中国文化不仅通过传统媒体进行传播，而且也通过作为巴西全国性盛会的巴西狂欢节为世界所知，其电视转播量与网络讨论量巨大，因此，巴西狂欢节也是中国文化传播的路径。狂欢节中的中国面孔作为最真实的中国写照，

---

① Gustavo Ribeiro, "Império de volta à elite do samba," Fevereiro 5, 2018, https：//odia.ig.com.br/_conteudo/2018/02/diversao/carnaval/5511400 – imperio – de – volta – a – elite – do – samba.html#foto = 1.

代表了中国形象。中国人表演的舞龙舞狮、川剧变脸，呈现出最真实的中国文化。游行队伍中的中国桑巴舞者表现了中国人对巴西文化的开放态度，明星登上狂欢节花车也是文化交融的体现。狂欢节中的中国面孔不断被报道，表明巴西对中国关注的增加。因此，中国面孔不仅可以展示中国文化，也可以通过参与当地文化活动，从而达到文化交流的目的，成为中国文化走向世界的新的传播方式。

（三）狂欢节中的"中国制造"

"中国制造"遍及全球，是标志性的中国符号。随着经济发展方式的转变，"中国制造"也为国家经济发展注入新动力，向世界展示新形象。随着中国的发展，"中国制造"也进入巴西的视野，参与了巴西狂欢节的准备工作。

2018年，狂欢节行业用于制作服装、道具、花车材料的消费大约在62.5亿雷亚尔左右，狂欢节为巴西创造了2万多个工作岗位。[1] 除去演员的工资以及其他服务花费，特级组的桑巴舞校仅在原材料的花费上就达到约1亿雷亚尔，因此，狂欢节的服饰是狂欢节非常重要的组成部分。中国出口产品质优价廉，巴西狂欢节游行服装的原材料通常从中国进口而来。

狂欢节开幕之前，舞校会对服饰进行最后的调整。成百上千的工人紧锣密鼓地对服装进行缝制和装饰，五颜六色的布料、闪闪发光的装饰都预示着又是一年盛会的开始。尽管巴西的狂欢节服饰成衣也会从外国进口，但数量并不多，更多是通过购买原材料然后再进行加工，通常这

---

[1] Helena Martins, "Carnaval deve movimentar R $ 6 bi e gerar 20 mil empregos, estima CNC," February 9, 2018, https://noticias.bol.uol.com.br/entretenimento/2012/02/16/carnaval-do-rio-se-veste-com-tecidos-importados-da-china.jhtm.

些服饰是由当地人裁缝手工制成。对于狂欢节的服装，巴西人除了在外形方面有具体要求外，也在寻找价格便宜、舒适、不起皱、不需要进行再次清洗或者熨烫的原材料。制成的服装必须非常耐穿，棉质或丝质的服装不符合顾客要求而且价格较高。由中国生产的纺织布靠着较低的价格和优良的品质脱颖而出，被作为狂欢节服饰的最佳原材料，受到了巴西人民的喜爱。巴西纺织品进口协会（Associação Brasileira de Importadores Têxteis）主席乔纳坦·施密特（Jonatan Schmidt）称，制作道具的原材料主要来自中国。乔纳坦·施密特坦言："巴西本地纺织业根本无法满足狂欢节的使用需求，只有15%的狂欢节使用的布料由巴西本国生产，此外大部分的布料从中国进口。"①

根据巴西国家地理与统计局（Instituto Brasileiro de Geografia e Estatística）公布的数据，中国是巴西最大的布料供应地，与此同时，在巴西很少有合成纤维加工厂，这也促使巴西必须从国外进口合成布料。乔纳坦·施密特认为中国的贡献不可或缺，中国的商品对于狂欢节也是必不可少的。②

除原材料外，羽毛、面具、纹身贴等装饰性产品也是狂欢节中必不可少的道具。中国义乌是此类道具的重要出口地。进入4月，浙江义乌国际商贸城出口生意日趋红火。据义乌海关统计，2019年1—2月，义乌对"一带一路"倡议沿线相关国家和地区出口261.7亿元，同比增长

---

① AFP, "Carnaval do Rio se veste com tecidos importados da China," Fevereiro 16, 2012, https://noticias.bol.uol.com.br/entretenimento/2012/02/16/carnaval-do-rio-se-veste-com-tecidos-importados-da-china.jhtm.

② AFP, "Carnaval do Rio se veste com tecidos importados da China," Ferruary 16, 2012, https://noticias.bol.uol.com.br/entretenimento/2012/02/16/carnaval-do-rio-se-veste-com-tecidos-importados-da-china.jhtm.

63.1%。① 其中对印度、巴西、埃及、菲律宾、巴基斯坦等国家的出口量呈现大幅增长态势。Lojas Silmer 是里约热内卢最大的狂欢节服装商店之一，购买狂欢节物品的人们排成一条条长龙。每天有约 1500 个顾客在店内完成交易。店内卖出的产品 50% 来自于中国，产品的价格比本国产品低 20%—25%。而店内 90% 的狂欢节服装都是由中国进口的材料制成。里约热内卢市中心传统商业区 Saara 是里约最大的露天市场，在这里有超过 600 个铺位，售卖各种流行的商品，狂欢节前，巴西人在此购买面具、服饰、帽子、假发以及夸张的装饰品为狂欢节进行准备。负责人表示，在经济下滑期间，产品销量也下降了 30%—40%，但便宜的狂欢节服饰仍然受到欢迎。②

（四）狂欢节中的"中国智造"

2019 年，巴西政府在狂欢节期间启用人脸识别系统来对狂欢节进行监控，摄像头被安置在了人群密集的区域，对在逃人员以及失踪人口等进行识别。同时，该系统也可以识别车辆牌照。里约南部的科帕卡瓦纳街区（Copacabana）作为试点，设置 28 个摄像头，一个中央总部将有 100 名警务人员值班，进行实时监控。如果效果显著，将会使用更多带有人脸识别的摄像头，在城市中广泛使用。而在萨尔瓦多区域（Salvador）采取的策略已经在中国大范围使用，摄像头会联通国家资料库中的已有信息，进行人脸识别，如果发现潜在目标，将提醒潜在目标所

---

① 路缘、杜飞燕：《义乌出口大幅增长》，人民网，2018 年 4 月 9 日，http://ydyl.people.com.cn/n1/2018/0409/c411837-29913205.html。

② AFP, "Carnaval do Rio se veste com tecidos importados da China," Fevereiro 16, 2012, https://noticias.bol.uol.com.br/entretenimento/2012/02/16/carnaval-do-rio-se-veste-com-tecidos-importados-da-china.jhtm。

在的警局。① 萨尔瓦多在3条狂欢节通道的42个入口布置了摄像头，总共将有26000名警察和430台摄像头，并配备360度和广角镜头，具有45倍变焦能力和弱光传感器。当地政府表示，近年来萨尔瓦多狂欢节期间的犯罪事件已经逐年减少，萨尔瓦多有世界上最大的露天狂欢节，因此，必须更新科技设备的应用来保证庆祝的顺利进行。

2019年，一位19岁杀人犯加入萨尔瓦多狂欢节，并出现在游行队伍中，他戴上假发化好妆伪装成一位女性，并戴上帽子，混入一群加入狂欢节的便装男性中，然而被安装的面部识别摄像机拍下，成为第一个通过面部识别被捕的罪犯。他从2017年犯罪起一直未被抓获，2019年狂欢节面部识别摄像机立下大功，成功将其发现。靠着面部识别摄像头，里约热内卢警方也抓捕了4名逃犯。报道中称，里约热内警方认为面部识别摄像头已经"通过了测试"，将考虑大规模的使用。凭借"中国智造"的人脸识别系统摄像头，巴西警方仅在10天内就逮捕了8名逃犯，因此里约将把人脸识别系统摄像头使用范围扩大到马卡拉纳区（Maracanã）和圣杜蒙特机场（Santos Dumont）。2020年，圣保罗警方也将安装面部识别设备以减少犯罪事件的发生，狂欢节期间将在人流量多的区域试点使用人脸识别摄像头，进行实时监控。②

"中国智造"的人脸识别背后更是中国智能产业公司踏足巴西的信号，一些中国企业都在与巴西东北地区政府协商或者已经达成协议，为其提供产品与服务。中国与巴西东北部九个州之间的联系变得更加紧

---

① Pedro Prata, "Witzel anuncia câmaras de reconhecimento facial no Maracanã e Aeroporto Santos Dumont," Marco 29, 2019, https://www.google.de/amp/s/g1.globo.com/google/amp/rj/rio-de-%20janeiro/noticia/2019/03/28/witzel-anuncia-cameras-de-reconhecimento-facial-no-maracana-e-aeroporto-santos-dumont.ghtml.

② João Ortega, "Câmeras com reconhecimento facial serão testadas durante o Carnava," Marco 1, 2019, https://www.startse.com/noticia/nova-economia/reconhecimento-facial-no-carnaval.

密，2019年，四个州长与两个副州长都曾访问中国，前往中国的官员数量更多，中国也曾派遣数个代表团到这些州。东北部州联合会（Consórcio do Nordeste）是巴西东北部州政府于2019年成立的组织，成立目的是促进地区内的伙伴关系，联合会将启动连接东北（Nordeste Contectado）项目，将东北地区接通起来。皮奥伊州长表示华为和中兴开展了电信相关产业研究，并对"连接东北"项目十分感兴趣。

鉴于之前购买的经验，这些州政府也想联合购买监控设备来保证公共安全。大华公司销售经理表示，东北部州联合会对安保系统和面部识别摄像头十分感兴趣。这样的设备除了能够识别衣服颜色、外表、年龄，也能识别人的面部情绪，如高兴和难过。中国也使用过这种设备来寻找失踪人口和进行安全管控。大华作为能够生产面部识别照相设备的公司，其产品除了被运用于伯南布哥州和巴伊亚州以外，也参与了圣保罗地铁项目的投标。

巴伊亚州已使用中国华为公司的面部识别系统，该地警察在数据中心输入在此地生活的人的面部数据，并运用在面部识别中。伯南布哥州也将1380台中国制造的设备用于地铁安全建设中。中国公司正在积极地参与巴西东北部地区智慧城市、安全城市、电子治理和电子商务等合作项目。[1]

三、狂欢节对中巴关系的促进作用

狂欢节不仅是文化交流的窗口，更是增进中巴关系的桥梁。随着狂欢节中的中国元素不断增多，范围不断扩大，从中不仅可以看到巴西对

---

[1] Patrícia Campos Mello, "Nordeste vira palco de guerra fria tecnológica entre EUA e China," Setembro 1，2019，

中国的友好态度，也能看到中国与巴西人文交流的密切，更能看到中国与巴西合作无限宽广的未来。

（一）展现巴西对中国的友好态度

随着中国文化走向世界，巴西人眼中的中国形象也成为了一个具有研究价值的话题，作为"他者"的中国元素、中国文化如何在狂欢节中展现魅力，可以作为一个特殊的视角，更好地解读巴西人眼中的中国形象。

不论是巴西狂欢节中涉及到的中国传统建筑及相关人物、故事，还是具有现代色彩的中国建设发展与变迁；不论是参与巴西狂欢节的中国人，还是为准备狂欢节到达中国的巴西人，都能看出巴西狂欢节将中国元素作为正面材料在使用，表演过程中也展现出中国历史之深厚、发展之迅速，令世界为之侧目。同时，巴西狂欢节中的桑巴主题曲展现出对中国传统文化和现代发展的赞扬。游行中的中国元素不断被创新与丰富，以中国为主题的狂欢节游行在巴西各大城市纷纷出现并走向最大的狂欢节舞台，具有中国元素的桑巴舞校表演获得好评和广泛报道，都能证明巴西民众对于中国元素的接纳与喜爱。2014年7月16日，国家主席习近平曾在巴西国会发表的重要演讲中提到，"中国和巴西远隔重洋，但浩瀚的太平洋没能阻止两国人民友好交往的进程。"① 狂欢节中的中国元素也佐证了巴西对中国的友好态度。

（二）搭建中巴人文交流平台

人文交流作为国家总体外交策略的一个重要组成部分，在促进国家

---

① 马文佳、魏建、王策、闫术：《习近平：浩瀚的太平洋没能阻止中国巴西两国人民友好交往的进程》，2019年11月12日，http：//news.cnwest.com/szyw/a/2019/11/12/18162421.html。

政治关系的发展上发挥了不可替代的作用。2019年，中国驻里约热内卢总领事李杨表示，"中巴建交45周年以来，双边关系发展顺利，但两国交流合作更多限于经贸领域，人文合作起步相对较晚，目前交往还不够频繁。如果想要两国之间的合作更全面深入持久地开展下去，人民之间的相互了解和交流是必不可少的。"[①] 而巴西狂欢节中中国元素的展现，正是促进了中巴人文交流。

通过对中国元素的梳理，我们发现中国元素在巴西狂欢节中出现的频率越来越高，不仅有传统的文化元素，如传统服饰、节日习俗等出现在了狂欢节中，中国现代化建设、"一带一路"倡议等具有现代中国文化特征的内容也进入狂欢节，一个更加现代化的中国出现在巴西观众的视野中。狂欢节中的中国元素也与当前中巴人文交流的需求相呼应，狂欢节中中国元素的传播能够在中巴人文交流中充当桥梁的作用，为深化中巴关系做出贡献。

（三）推动中巴务实合作

中国元素风靡巴西狂欢节的原因之一是中国在国际上影响力的增加，"一带一路"倡议惠及拉美、惠及巴西。巴西作为"21世纪海上丝绸之路"的自然延伸，与中国的交流合作日益深化。巴西狂欢节上，中国身影在各个领域如雨后春笋般涌现。

通过巴西狂欢节中中国元素的展现，不难发现，狂欢节是促进双方多方合作的平台。除了在狂欢节盛宴中展现中国元素，中国的智能产业、原材料制造业也加入其中，加强了与巴西的联系。同时，在旅游业上，中国也同巴西开展合作，促进了人员往来。

[①] 马洁：《首届中国巴西文化旅游研讨会在里约举办》，新浪网，2019年6月26日，https://k.sina.cn/article_1645705403_621778bb02000gdyo.html?from=news&subch=onews。

深化中巴各领域的务实合作，符合双方发展的潮流，也能为两国人民带来更多福祉。通过狂欢节，也可窥见中巴广泛的合作空间。中国的智能产业可以与巴西开展更多合作，如智慧城市、安全城市，社会治理和电子商务领域。尤其是在"公共安全"这一巴西十分关注的问题上，通过中国产品保障巴西公共安全，是两国合作的重要方面之一。巴西狂欢节中需要大量服饰、面具、花车、装饰，而中国作为制造业大国，能够与巴西在传统制造业领域展开更多合作。在艺术领域，不论巴西的"桑巴"还是中国的传统艺术，都能成为中巴文化互鉴的起点，中巴民众对双方传统文化的欣赏也能推动其在艺术领域展开新的合作交流。因此，中巴两国在狂欢节及其衍生领域可以开展更多的合作，全面深化中巴关系。

中国连续 10 年保持巴西第一大贸易伙伴和第一大出口目的地国地位，伴随着中国不断扩大开放，中巴经贸额快速增长。随着中巴全面伙伴战略关系的不断发展与深化，随着"一带一路"倡议持续实施，中国元素不断融入巴西人的生活，狂欢节便是其中一个缩影。狂欢节中的中国文化极具吸引力；狂欢节中的中国形象真实丰满；狂欢节中的中国制造不可或缺；狂欢节中的中国智造正在兴起。从狂欢节的中国元素中，我们看到了中国与巴西在各领域的密切合作，更窥见了中巴合作的无限可能。

四、总结

巴西狂欢节作为一个窗口，不仅让世界看到了热情的巴西，也让世界感知到更立体的中国。狂欢节作为巴西最具国家特色的传统节日，融入了中国元素,体现了巴西文化的包容性,同时也展现了中国"和而不同"的儒家传统价值观。中国一直以和平、和谐、友善的姿态面对世界,秉持着"和而不同"的态度,中国文化与他国文化和谐相处、相得益彰。

国之交在于民相亲,民相亲在于心相通。民心相通作为"五通"之一,一直处于十分重要的位置。巴西狂欢节作为巴西几乎全民参与的民间活动,推动了中巴民众之间的交往、交流、交融,与民心相通的内涵不谋而合。在中巴拥有不同文化、不同国情的情况下,巴西狂欢节中的中国元素为中巴人民搭建起理解的桥梁,促进中巴之间的理念认同;中国人民与巴西人民也从狂欢节期间各领域的合作获得切实利益,尤其是经济与科技领域的合作,不仅为中巴两国人民带来利益,也对巴西公共安全起到促进作用;此外,巴西狂欢节中的人文、旅游、科技、经贸等各领域合作的加强也深化了中巴友好情谊。[1]

大厦之成,非一木之材;大海之阔,非一流之归。巴西狂欢节中各领域中国元素的联动,将形成合力,助推中国与巴西深入交流,深化中巴友好合作交流。

---

[1] 王亚军:《民心相通为"一带一路"固本强基》,人民网,2019年4月6日,http://theory.people.com.cn/big5/n1/2019/0416/c40531-31032103.html。

中国和巴西文学作品互译研究

唐思娟　高钰琳　汪晓宇[*]

21世纪以来,中巴两国文化交流频繁,文学作品作为文化传播的重要方式与途径,在文化交流中扮演着重要角色。中巴文学作品互译推动着两国文化交流,同时也是两国人民了解对方文化的重要桥梁。有鉴于此,对两国文学作品互译所取得的重要成就进行总结具有积极意义。本文通过对20世纪50年代以来中巴文学交流主要阶段的梳理,归纳出两国文学作品互译所取得的成果,并选取其中具有代表性的作品进行简要介绍。尽管近年来中巴两国频繁互动带动了两国间的文化交流,但是在翻译作品数量、专业译者储备、译介反响度等方面仍亟待提高。

一、中巴文学交流历史回顾

(一) 中巴文学交流的主要阶段

中巴文学作品互译最早是以巴西文学于20世纪50年代初期进入中

---

[*] 唐思娟、高钰琳、汪晓宇,四川外国语大学西方语言文化学院。

国为开端的。1951年，若热·亚马多（Jorge Amado）[①]被授予"斯大林国际和平奖"，以共产党人的身份进入中国，随后中国翻译并出版了多部亚马多的作品。20世纪80年代，"魔幻现实主义"引起的拉美热将巴西文学翻译推向了高潮。90年代受到出版物市场化的影响，巴西文学在中国逐渐衰退。[②] 进入21世纪以来，随着中巴关系的进一步发展，巴西当代作家的译介也开始受到重视，巴西文学作品又重新出现在大众视野中。

中国的文化早在16世纪末就传入巴西，但文学的输出相对较少。结合巴西人对中国文学的兴趣点，最初的翻译作品主要集中在中华传统文化领域的一些经典著作，如《论语》《孙子兵法》等。19世纪中末，巴西逐渐西化，中国也处在一个动荡的时期，中国失去了历史上曾享有的国际地位，也失去了巴西社会对中国古老文化的关注。[③] 21世纪以来，随着中国国际实力的提升和中巴关系的不断发展，巴西人想要通过追寻文学作品的发展轨迹来深入认识中国，加上诸如孔子学院等汉学传播机构的影响力，现今中国文学作品在巴西市场又重新焕发生机，并呈多样化发展。

（二）互惠政策助力文学作品互译

自建交以来，中巴制定了诸多政策来推动双方文学作品的互译。

[①] 若热·亚马多（Jorge Amado，1912—2001），巴西现代主义小说家，巴西史上最具影响力的作家之一，他的代表作《加布里埃拉》被认为是巴西史上最伟大的小说之一。2001年8月6日晚因急性心肌梗死在巴伊亚州首府萨尔瓦多市的一家医院逝世，终年88岁。

[②] 《隐形的巴西：从若热·亚马多在中国的译介说开去》，中国作家网，2016年7月4日，http://www.chinawriter.com.cn/n1/2016/0704/c404094-28523398.html。

[③] 张宝宇：《中国文化传入巴西及遗存述略》，《拉丁美洲研究》2006年第5期，第58页。

1985年，两国签署《文化和教育合作协定》，并先后制定了三个文化交流执行计划。① 2010年，签署了《中巴高层协调与合作委员会关于建立知识产权工作组的谅解备忘录》以及《两国政府2010年至2012年度文化合作执行计划》，双方表示将在文学领域开展交流和相互推广活动。2011年签订了《中国孔子学院总部与巴西南大河联邦大学关于合作设立南大河联邦大学孔子学院的协议》。次年6月，两国签署《中华人民共和国政府和巴西联邦共和国政府关于互设文化中心的谅解备忘录》，双方鼓励本国出版社用本国语言介绍、翻译、出版对方国家的优秀文学作品及各类著作，并予以资助。

在上述国家政策引领下，两国也积极举办了众多研讨会。1979年成立了中国西葡拉美文学研讨会。2013年澳门大学举办了第一届以"澳门翻译与文化交汇"为题的研讨会，为研究和探索不同个体、文本、话语、语境、语言的交际互动问题搭建了分享平台。2018年中国—葡语国家双语人才培养及教学研讨会在澳门大学召开。

中国和巴西同为金砖国家，中国连续十年成为巴西最大的贸易伙伴，两国经济互利、互补的特点，使双边经贸合作拥有内生动力和不竭源泉，中巴双方越来越广泛的合作也促使两国人民更为密切、频繁地交流。文学作品的互译和在对方国家的传播能更好地促进两国人文交流，在官方大力的倡导和两国人民互相了解的迫切愿望下，中巴文学作品交流日益频繁。

---

① 程晶：《华侨华人与中国软实力在巴西的提升》，《湖北大学学报（哲学社会科学版）》2012年第6期，第105—109页。

二、中巴文学作品互译概况

（一）中国文学作品在巴西

1. 整体发展简述

尽管中国和巴西相隔万里，但是中国文化早在 16 世纪末就已传到巴西，且至今仍可在巴西找到诸多中国文化遗存。巴西当代社会学家、东方学家吉尔贝托·弗莱雷（Gilberto Freyre）指出，中国文化同阿拉伯文化、伊斯兰文化和印度文化一样对巴西文化的形成产生重要影响。他甚至提出"巴西是美洲的中国"这样一个命题。中国文化如民间传说、传统的观念、著作和画作等"无形文化"对巴西文化的形成也有影响，中国的习惯、风俗以及处世哲学也传入了巴西。[1]

19 世纪中叶巴西逐渐西化，而中国自 1840 年后成为半殖民地半封建社会，失去了历史上曾享有的国际地位，这大大减淡了巴西社会对中国古老文化的关注。2004 年以来，尽管中国文学在拉美大部分地区的存在感越来越强，但从中文直接译成葡语的作品依旧很少，体裁以诗歌和散文为主。

近年来，随着中国经济和政治实力明显提升，国际影响力增强，巴西人试图通过追寻文学发展的轨迹和作品传达的思想来了解中国。加之越来越多的巴西人学习汉语，涌现出像修安琪、何觅东、沈友友一样的优秀翻译人才。翻译作品数量上有明显增加，作品内容也呈现出多样

---

[1] 张宝宇：《中国文化传入巴西及遗存述略》，《拉丁美洲研究》2006 年第 5 期，第 55—60 页。

化。除了对传统作品的再版和创新，许多翻译家也将目光转向当代文学。莫言2012年获得诺贝尔文学奖推动了中国现当代文学在巴西的传播。莫言作品葡语版中的《丰乳肥臀》由英文转译，《变》和《蛙》由中文直译。近年来，巴西发行了慕容雪村的《成都，今夜请将我遗忘》、里卡多·波图加尔和谭笑合译的《中国唐代诗选》、米莲娜·达·莫拉·巴尔芭（Milena de Moura Barba）的译作《二十世纪中国诗选》（Antologia de Poesia Chinesa do Século XX）。2015年刘慈欣获雨果奖后，在次年出版了英译版的《三体》，该作品也随之从英语转译为葡语。随着我国越来越多的本土作家在国际上崭露头角，越来越多的巴西人开始喜欢中国文学。

2. 文学作品概览

目前在巴西，不管是中国文学，还是中国作者，都只是刚刚被巴西读者所认识，虽然已有一些中国当代作家的书，如余华的《许三观卖血记》《兄弟》、苏童的《碧奴》、哈金的《等待》等（多是从英译的作品而来）在巴西出版，但是大部分都还没有被公众所熟识。越来越多热衷于中国文化的巴西人正在推进中巴文学的交流工作，从中文直接译成葡语的作品也日益增多，如莫言的《变》、老舍的《骆驼祥子》、余华的《活着》等。

目前所搜集到的译介到巴西的中国文学中，体裁涉及诗集、散文、故事集和小说，其中小说体裁因受众面广更受欢迎。这些文学作品大体上可以分为两类：一类是在西方广为流传的中国古代经典，如《论语》《老子》《孙子兵法》；另一类则是近现代作品，有国内外久负盛誉的《活着》《骆驼祥子》，也有因作者获国际大奖名声大噪而"火"了的《变》《三体》等。

3. 重要书目推介

（1）《孙子兵法》（*A Arte da Guerra*）

《孙子兵法》是我国最古老、最杰出的一部兵书，内容涉及军事理论和实践等各个方面，其内容博大精深，思想精邃富赡，逻辑缜密严谨，是中国古典军事文化遗产中的璀璨瑰宝，是中国优秀文化传统的重要组成部分，也是世界三大兵书之一。作者为春秋末年的齐国人孙武（字长卿）。本书译者为汉学家安德烈（André Bueno），现就任于巴西巴拉那州立大学历史学院。他翻译的《孙子兵法》于 2010 年在花园出版社出版。作为一个汉学"发烧友"，他在网上发起了一个东方学项目网站，该网站主要关注亚洲历史和文化，[①] 用于传播中国和印度历史有关的文章和史料。

（2）《三体》（*O Problema dos Três Corpos*）

《三体》是刘慈欣创作的系列长篇科幻小说，由《三体》《三体Ⅱ·黑暗森林》《三体Ⅲ·死神永生》组成。作品讲述了地球人类文明和三体文明的信息交流、生死搏杀及两个文明在宇宙中的兴衰历程。其第一部经过刘宇昆翻译后获得了第 73 届雨果奖最佳长篇小说奖。巴西法官兼作家丹尼尔（Daniel Nonohay）曾写道："我查了这本书的历史后，发现它居然 2006 年就在中国出版了，早已在亚洲市场上囊括多个奖项，但在 10 年后才被译成英文。不仅如此，其理想与主题的独创性和复杂性，都显示出这本书不只是当下火热，它很多方面都超前于同类书籍。"[②]

[①] 该网站项目是一项扩展项目，致力于用电子平台的方式发表学术文章和论文，主要关注亚洲文化，尤其是远东文明。目标是根据亚洲史学模型的特点、特殊性和与西方模型的差异，与亚洲史学模型建立跨文化对话，http://orientalismo.blogspot.com/。

[②] Daniel Nonohay, "O Problema dos Três Corpos," 2017, https://www.danielnonohay.com.br/critica-literatura/o-problema-dos-tres-corpos/.

（3）《中国的好女人们》（As Boas Mulheres da China）

这本书被列入"2002年最好的社会问题书籍"之列，短短半年内，被翻译成27种语言、在五十多个国家、地区出版，并在英国、澳大利亚、瑞典、巴西等8个国家登上畅销书排行榜。作者欣然的作品具有非凡的呼唤力，其中充满发人深省的细节。她的故事有着优秀小说应有的智慧与活力。而更不寻常的是，故事将一种深入骨髓的民族文化烙痕与富有活力的普世主义结合在了一起。本书先是在西方引起轰动，然后由英语翻译成葡语传到巴西，对想了解中国的巴西人来说也是非常有吸引力的。

（4）《变》（Mudança）

《变》以莫言的成长地——山东高密为背景，描写了1969—2008年几个主角的生活、成长经历，折射出中国改革开放三十年来的社会价值观变化。该书故事情节风趣幽默，读来让人忍俊不禁。此书是自传体中篇小说，2009年发表于《人民文学》杂志，已经被翻译成十几种语言在全世界发行。该作品译者何觅东是第一位翻译莫言作品的巴西人。2013年，何觅东完成了莫言的小说《变》和《三十年前的一次长跑比赛》的葡文翻译，其中，《变》葡文版已经在巴西各大书店出售。最近，他还翻译了莫言另一部小说《蛙》，巴西媒体对此颇为关注，称："莫言的小说终于来巴西了。"作为第一本由中文直译到巴西的莫言作品，给无法阅读英文版的巴西读者提供了一个了解莫言的机会。

（5）《活着》（Viver）

《活着》是当代作家余华的代表作，讲述了一个人历尽世间沧桑和磨难的一生，亦将中国大半个世纪的社会变迁凝缩其间。《活着》的出版30年来打动了无数读者，经过时间的沉淀，已经成为20世纪中国文学当之无愧的经典之作。如今已被译介至三十多个国家和地区，获得国内外多个文学大奖。有巴西读者评价道："这本书给我上的最重要的一课就是我们一直都与其他人有着千丝万缕的联系，我们的一言一行都会以某种方式影响到其他个体的生活。书里还有一个赎罪的话题：不要让愧疚的情绪阻挡你去做该做的事情。"本作品的译者——修安琪（Márcia Schmaltz）女士，为中国文学作品在巴西的传播作出了巨大贡献。除了翻译作品以外，她本人对中国文化和文学颇有研究，还撰写过研究阿城"三王"系列、中国神话故事、中国现代戏剧、中国儿童文学及鲁迅翻译等相关主题的论文。2018年，年仅43岁的修安琪因肺癌在巴西逝世。她的去世对中国文学的在巴西的传播是一个巨大的损失。

（二）巴西文学作品在中国

1. 整体发展简述

巴西文学在中国的发展不是一帆风顺的，甚至可以说是十分曲折的。按照时间节点大致可以分为进入、中断、高潮、衰退、复苏几个阶段。巴西文学作品最早在20世纪50年代进入中国，当时的作品选择受到社会环境的影响。60年代因为政治局势等因素，巴西文学作品的翻译处在停滞的状态。20世纪80年代，受到拉美文化大爆炸的影响，巴西文学翻译又逐渐恢复。90年代推行的出版物市场化，拉美热渐渐"降温"，巴西文学逐渐淡出中国市场。进入21世纪以来，随着中巴的往来愈加密切，巴西文学作品又重新回到公众的视野内。

中华人民共和国成立前，我国对巴西文学的介绍工作不够充分，早期的译介始于50年代，当时的翻译带有政治色彩，翻译倾向是对于对苏联等社会主义国家的认同。若热·亚马多在1951年获得了苏联颁发的斯大林和平奖，成为了第一个进入中国的巴西作家。20世纪50年代共有三本亚马多的书被翻译，分别是《无边的土地》《黄金果的土地》

和《饥饿的道路》。① 除此之外，欧克里德斯·达·库尼亚（Euclides da Cunha）的《腹地》《拉丁美洲文学丛书》也在中国出版。

经历过1966—1976年的翻译低潮之后，在20世纪80年代巴西文学翻译又逐渐复苏。格拉西里亚诺·拉莫斯的《枯竭的生命》（Graciliano Ramos）、若泽·德·阿伦卡尔（José de Alencar）的《富家女郎和她的情人》、若热·亚马多的《加布里埃拉》等经典作品得以出版。这些作品突破了20世纪50年代所塑造的反帝革命的巴西文学印象，为中文读者提供了形式更为丰富多样的了解巴西文学的机会。

20世纪90年代出版物市场化，市场和读者成了外国文学译介主要考虑的因素，巴西文学在中国也随之渐渐没落，但依旧有少量巴西作品被引入中国，其中包括了若泽·吉马朗埃斯·罗萨（João Guimarães Rosa）的《河的第三岸》、安东尼奥·卡洛斯·塞克琴（Antonio Carlos Secchin）的《巴西诗选》、保罗·科埃略（Paulo Coelho）的《炼金术士》等优秀作品。

21世纪以来，对巴西当代作家的译介又开始受到重视，译作数量大幅上升，一些经典的巴西作品被翻译成中文，比如保罗·科埃略的《牧羊少年奇幻之旅》、克里斯托旺·泰扎（Cristovão Tezza）的《永远的菲利普》、克拉丽丝·李斯佩克朵（Clarice Lispector）的《星辰时刻》等作品。近十年来，巴西文学在中国蓬勃发展，选取的翻译作品的内容相比之前更加的多样化，尤其是巴西的儿童文学在中国已经成为了较受关注的领域。

2. 文学作品概览

截至目前，巴西进入中国的文学作品在体裁上有小说、诗歌、散文和戏剧，内容上涉及文学、历史、经济、心理、教育等方面。最受中国

---

① 张建波：《从若热·亚马多作品在中国的译介看翻译与权力的关系》，《外国文学》2017年第1期，第48—56页。

读者青睐的巴西文学作品类型为小说和儿童文学。巴西作者若热·亚马多在中国出版作品最多，其中大多为长篇小说，紧随其后的是在中国知名度较高的保罗·科埃略。儿童文学在中国的"走红"与巴西众多优秀的插画家、儿童作家不无关系，比如：国际安徒生奖插画奖"常客"罗杰·米罗（Roger Mello）、国际安徒生奖大奖书系"熟客"安娜·玛丽亚·马查多（Ana Maria Machado）、著名作家兼出版人蒙太罗·洛巴托（José Bento Monteiro Lobato）等。

3. 重要书目推介

巴西文学在中国虽然属于小众文学的范畴，但依旧有许多优秀的文学作品在中国畅销多年、经久不衰，在此选取五本在中国影响力较大的书籍进行介绍。

(1)《牧羊少年的奇幻之旅》（O Alquimista）

该小说运用富含哲理和诗意的语言讲述了牧羊少年圣地亚哥追寻宝藏的奇幻冒险故事，具有启发性和励志意义。小说自1988年出版后，便风靡全球，畅销160多个国家，荣获33项国际大奖，已经被翻译成68种语言。全球销量超过6500万册，是历史上最畅销的葡萄牙语小说。清华大学外文系教授王宁评价道："小说试图通过对炼金术的研究来提炼出生活的真谛，通过对梦中的美好理想的追求来实现人生的价值，因而具有多层次的寓言意义和丰富的象征意义。"

(2)《弗洛尔和她的两个丈夫》（Dona Flor e Seus Dois Maridos）

《弗洛尔和她的两个丈夫》是若热·亚马多编著的书籍。本书讲述了这样一个故事：美丽的少女弗洛尔与迷人的流浪汉瓦迪尼奥相爱而后结婚，七年之后瓦迪尼奥突然离世，她无法忍受孤寂于是就嫁给了药剂师特奥多罗博士，但是在生活中她感受不到爱，直到有一天她的前夫出现了，弗洛尔陷入爱情与责任的艰难抉择中。我国著名作家、诺贝尔奖得主莫言表达了对这本书的喜爱之情，他提到《弗洛尔和她的两个丈夫》这本书将男女之间的情爱写的很健康干净，至今还非常喜欢。本书的两位译者范维信和孙成敖先生都是中巴文学交流的先驱。范维信先生曾荣获1990年度巴西圣保罗文艺评论家协会颁发的"最佳翻译奖"，于1997年荣获葡萄牙总统若热·桑帕约授予的"绅士级功绩勋章"，1998年凭借若泽·萨拉马戈的《修道院纪事》的中译本获"第三届外国文学优秀图书奖"；孙成敖先生1982年赴巴西坎皮纳斯大学进修葡萄牙语及巴西文学，1984年由西语系调入外国文学研究所，1987—1992年在中国驻葡萄牙大使馆文化处任二等秘书、一等秘书，著有《巴西文学》一书。

（3）《我亲爱的甜橙树》（*Meu Pé de Laranje Lima*）

本书是一本自传性质的图书，迄今已发行全球十三个国家，销售超过200万册。若泽·毛罗·德瓦斯康塞洛斯（JoséMaurodeVasconcelos，1920—1984年），是巴西极富传奇色彩的作家，一生著作共21部，包括小说、短篇故事和作品选集；其中一部分作品被改编为电影、电视剧或舞台剧。著名"80后"导演陈映蓉就曾表达对此书的喜爱之情。豆瓣用户粟冰箱评论道："泽泽很可爱。用小孩的语气写生命里的事，那些沉重都有了一种轻盈的感觉，却也更加让人动容，这点很好。"

（4）《星辰时刻》（*A Hora de Estrela*）

这是克拉丽丝·李斯佩克朵探问"身份"的一部重要小说。作者刻画了一位从贫穷地区移居到里约热内卢的女孩玛卡贝娅的艰辛生活。克拉丽丝·李斯佩克朵，1920年出生于乌克兰的犹太家庭，出生不久即随父母移居巴西。1960年以后，克拉丽丝的写作才能获得公众承认，并因其文学成就获得联邦大区文化基金会奖。《新京报》评价道："克拉丽丝的写作方式是非常独特的。小说有两层叙事，一层是玛卡贝娅的生活，一层是叙述者的冥思。正是这种写作方式让女主人公的孤寂、痛苦以一种喋喋不休的呓语的方式表达出来，体现出克拉丽丝独特的叙事方式和洞察力。"本书译者闵雪飞教授，现为北京大学西葡语系葡萄牙语专业专职教师，从事西葡语言文学专业研究工作，译有《波多贝罗的女巫》《维罗妮卡决定去死》《佩索阿作品：阿尔伯特·卡埃罗》等多部文学经典著作。

三、文学互译对中巴关系的影响

（一）文学作品翻译助力中国文化走进巴西

中国书籍成为巴西人认识中国、了解中国的一个窗口。早期，中国的经典著作如《论语》《易经》《孙子兵法》，以及"风水"之说在巴西得到广泛传播。在知识分子中，以"易经"之道和根据"风水"行事者为数不少。在中国香港出版的这类英文著作在巴西很流行。[①] 20世纪90年代起，巴西学者对儒家学说产生了浓厚兴趣。2004年10月，巴西学者凯文·德拉图尔和西蒙娜·德拉图尔参加了在北京举办的"纪念孔子诞生2555周年国际学术研讨会"，并向大会提交了儒学研究成果《儒学和意识学》一文。2007年6月巴西学者凯文·德拉图尔和西蒙娜·德拉图尔专程来到武汉新洲区云深书院宣讲他们的研究成果《意识生态：当代新儒学之精神》。[②]

[①] 张宝宇：《中国文化传入巴西及遗存述略》，《拉丁美洲研究》2006年第5期，第58页。

[②] 张长宝：《中国文化对巴西的影响》，第3—4页，https://wenku.baidu.com/view/30edcbee172ded630b1cb635.html。

我国文学作品的翻译，尤其是古典文学作品，能够帮助中国文化走出去，让巴西人民了解中国文化，从而增进对中国的了解。在巴西图书出版商会所公布的第56届哈布蒂（Jabuti）图书奖获奖名单中，由中国国家汉办资助、巴西圣保罗州立大学孔子学院组织出版的《中国唐代诗选》获翻译类二等奖，是此次图书奖翻译类中唯一的古典文学类图书。巴西圣保罗州立大学孔子学院巴方院长保利诺教授在本书的序言中指出，随着全球孔院的发展与壮大，此书的翻译出版将促进巴西民众对汉语和中国文化的深入理解和认识。①

　　在中巴文化交流中，文学作品的互译充当了桥梁的作用。自由站点出版社编辑部主任安赫尔·博亚德森选取《白鹿原》作为代表中国当代文学的长篇小说并邀请圣保罗大学中文系华裔教授进行翻译。在小说出版后，博亚德森表示巴西读者对《白鹿原》反响热烈，他们对于市场上出现了这么一本讲述"中国家族传奇"的新书感到十分激动。他强调到"中国文化极具影响力"，还表示将有计划地引入更多的中国当代文学作品。② 此外，中巴文学互译推动了两国出版社文化产业链向国外的延伸。2019年6月24日，中巴文化产业对接会在巴西圣保罗举办。会上外语教学与研究出版社与巴西Dublinense出版社等数家中巴文化艺术企业成功签约多个文化产业合作项目。③ 两国出版社之间相互合作，帮助对方拓宽发展市场。文学出版翻译合作既是文明交流互鉴的组成部分，也是中国文化"走出去"的重要推动力。

---

　　① 《中国经典翻译书籍首获巴西图书大奖》，人民网，2014年10月30日，http://world.people.com.cn/n/2014/1030/c1002-25937519.html。

　　② 《以文学翻译架起中巴文化交流之桥》，新华社，2019年12月13日，https://baijiahao.baidu.com/s?id=1652783266437341693&wfr=spider&for=pc。

　　③ 《中巴文化产业对接会在巴西举办加速两国文化交流合作》，新华丝路网，2019年6月25日，https://www.imsilkroad.com/news/p/376260.html。

（二）文学作品互译引发巴西"汉语热"和中国"葡语热"

文学作品互译的繁荣需要大量精通中国和巴西语言及文化的专门人才。2010年10月，巴西驻华大使胡格内访问国家汉办，表示巴西的汉语学习需求与日俱增，希望未来巴西能以主要城市为中心，在5个大区继续开办孔子学院。据《北京青年报》2011年2月9日报道，巴西驻华大使胡格内表示，学中文已写进巴西外交官培训计划。中国驻巴西前大使邱小琪说："随着中国与巴西两国关系的日益密切，双边交流愈加频繁，巴西人民对了解中华文化的兴趣也不断上升，社会各界不少人士都希望能够学习中文，了解中国文化。在巴西外交部，不少外交官表示希望有机会到中国或到设在巴西的孔子学院去学习中文，尤其是那些主管对华事务的司长、处长，几乎人人都开始学起中文来。"[1] 到2019年，巴西已有10所孔子学院。

截至2018年10月，中国已有四十余所高校开设了葡语专业，除此之外，各大高校和研究所也积极响应国家号召，设立和巴西有关的研究中心，例如：中国社会科学院拉美研究所和北京大学分别设有巴西研究中心和巴西文化中心等。来华留学、从事学术交流或考察的巴西人逐年增加，也推动了对葡语翻译人才的需求。2018年澳门大学、澳门理工学院、澳门保安部队高等学校、澳门科技大学、澳门城市大学、圣若瑟大学6所院校组成了"培养中葡双语人才联盟"。围绕着葡语师资培训、教学与研究、对外汉语教育及中葡旅游专业人才培训等开展各项国

---

[1] 张长宝：《中国文化对巴西的影响》，第4—5页。https://wenku.baidu.com/view/30edcbee172ded630b1cb635.html。

际合作计划。①

（三）文学作品互译促进中巴人文交流

文学互译虽是从文学出发，却实实在在地落在了人文交流上，并促进了双方共同发展。正如文化和旅游部外联局朱琦所言："以文学出版为基础，以翻译合作为桥梁，有利于推动国际文学译介领域沟通，加强优秀文化作品互鉴传播，增进中外人民相互了解与友谊。"② 巴西驻华大使保罗·瓦莱曾表示，随着中巴交流的深入，双边合作不再局限于经贸领域，人文交流日益成为一个重要组成部分。③ 两国在经贸领域已进行了很多合作，由于中巴两国相距遥远，政府层面对人文交流的支持就显得尤其重要。他认为，《论语》的翻译是一项非常了不起的工作，因为孔子在巴西有着非常大的知名度，翻译《论语》这样的著作对中巴两国人民增进互相了解起到了巨大促进作用。瓦莱表示，除了将中国文学引入巴西，巴西也在寻求将葡语文学，特别是巴西文学介绍给中国读者。

鉴于双方文学作品互译在人文交流方面的积极作用，2018年8月，在第二十五届圣保罗国际图书双年展中，中国图书进出口总公司组织了200余种的精品图书参展，该图书展是巴西最受欢迎、人流最大的图书盛宴，通过这次书展，巴西民众更直接地接触到了中国传统文化；而"巴中书友会""巴西电影节"等民间或官方组织则把两国的优秀文学

---

① 《培养中葡双语人才联盟召开第一次工作会议》，GAES，2018年6月28日，https://www.gov.mo/zh-hans/news/210195/。
② 《用翻译出版搭建中外文化交流的桥梁》，新华社，2018年8月21日，http://www.xinhuanet.com/politics/2018-08/21/c_129937125.htm。
③ 《巴西驻华大使：我痴迷中国，是北京烤鸭店的常客》，东方网国际，2019年8月28日，http://news.eastday.com/eastday/13news/auto/news/world/20190828/u7ai8782022.html。

作品带到了中国和巴西的民众眼前，通过有组织且具有一定频次的丰富多彩的活动，加深了中巴两国人民的相互了解和友谊。

四、结语

中国和巴西文学作品的互译，在促进两国人民的人文交流和两国国家形象的构建中发挥着积极作用。但是我们仍然需要看到，巴西文学在中国还属于小众文学的范畴，中国读者对巴西文学仍然较为陌生。尽管国内知识界在近几年对"金砖国家"巴西的关注逐渐增多，但纵观国内有关巴西的译介和知识生产，绝大多数话题都集中在广义区域国别研究框架下的政治、经济、国际关系学科范畴中，[①] 对于文学翻译领域的关注过少。

随着中巴双方在各领域的合作不断深化，中国和巴西人民对彼此文化的了解也将不断加深，而文学作品的互译和推广正是双方人民加深了解的纽带和窗口。中巴两国文化的巨大差异给译者的翻译工作带来了不小的困难。尽管面临着文化差异、翻译人才培养等诸多挑战，但是，相信随着双方在人文交流的互动愈加频繁，中巴的文学作品互译一定会迈向一个新的台阶。

[①] 胡续冬：《巴西：文学荒漠还是文学大国？》，《能源评论》2015年第84期，第90—91页。

中国人移民巴西研究

杨 敏[*]

1808年,第一位中国人随船到达巴西。1809—1815年,澳门又向巴西运送了300多名茶农,从此便开启了中国向巴西移民的历史新篇章。19世纪,中国向巴西输送劳工和茶农数千余名,之后,一代代的中国移民远渡重洋抵达南美这片富饶而神奇的土地。[①]

而今,在巴华人华侨的总人数已超过30万,这个数字在当地社会移民群体中占据绝对优势。[②] 他们发扬中华民族勤劳和智慧的优良品德,成功地融入到巴西当地社会并赢得了巴西人民的尊重。在这些移民当中,很多人为改善两国关系默默地贡献着自己的力量,比如陈太荣、刘正勤。我们之所以能对中国向巴西的移民史有所了解,也要归功于这对退休的外交官夫妇,正是他们十多年来的呕心沥血,才有了《19世纪中国人移民巴西史》一书的问世。该书为中巴移民史的记录和研究做

---

[*] 杨敏,四川外国语大学西方语言文化学院。

[①] 刘正容、陈太勤:《1900年圣保罗州庄园主招募120名中国劳工进住圣保罗"移民客栈"》,巴西侨网,2018年9月15日,http://www.bxqw.com/userlist/hbpd/newshow-45746.html。

[②] 凯露:《巴西华侨华人感受中国崛起:对未来充满信心》,中国新闻网,2010年12月23日,http://www.chinanews.com/hr/2010/12-23/2741133.shtml。

出了巨大贡献，也正是由于他们的努力，我们才能对于中巴移民史的渊源、中国华侨在巴西这片神奇的土地上的发展历程有所了解。

据报道，陈太荣、刘正勤夫妇退休前，曾在中国驻巴西、葡萄牙使馆以及驻巴西圣保罗领馆工作过。陈太荣说，早在20世纪90年代其在驻巴西大使馆工作期间，就萌发了研究华人移民巴西历史的想法。因为工作繁忙，调研工作直到2000年两位老人退休后才真正开始。退休后，两位老人到巴西累西腓探望已移居当地的女儿。在此期间，一些巴西学者写的关于早期中国人移民巴西的书籍，为两位老人的研究提供了宝贵的线索。刘正勤回忆道："这几本书里有《中国在巴西》《中国人和巴西茶》等，提及清朝末年从中国来巴西的劳工，中国人如何在巴西种茶及两国当时的交往情况。我们就从书中所讲的内容出发，开始调研。"①

刘正勤坦言，在调研过程中，最困难的是收集资料。两人在里约市待了数周，几乎每天都泡在国家图书馆、国家档案馆、巴西外交部旧址翻阅资料，期间也得到了不少巴西人的帮助。不负辛劳，终于在17年后，于2017年5月，外交官夫妇的心血之作——《19世纪中国人移民巴西史》正式出版。两位老人十多年来追寻华人移民巴西足迹的心血，全都凝结在这10万余字中。该书记录了两国友好往来的历史，是研究中国人移民巴西的重要著作，为后续研究提供了重要数据支撑和史实依据。不仅如此，两人还著有《巴西版图形成简史》②《南美洲印第安人起源新说》③等重要论文，为研究中巴交往史提供了重要的参考文献。

---

① 张启畅：《退休外交官追寻华人巴西移民历史》，《人民日报》（海外版）2017年10月20日第11版，http://paper.people.com.cn/rmrbhwb/html/2017-10/20/content_1811693.htm。

② 陈太荣、刘正勤：《巴西版图形成简史》，巴西侨网，2013年2月20日，http://www.bxqw.com/userlist/hbpd/newshow-24743.html。

③ 陈太荣、刘正勤：《南美洲印第安人起源新说》，《拉丁美洲研究》1997年第5期。

一、中国人移民巴西的历程

《19世纪中国人移民巴西史》的出版填补了中巴两国对于这段历史记述的空白,在对中国华侨为巴西经济文化发展做出的贡献给予了高度肯定的同时,也纠正了不少以往对于中国华侨的偏见与谬误。[①] 为探索中国人移民巴西的历史渊源翻开了新的篇章。

(一) 中国人移民巴西的渊源

事实上,19世纪以前就已经有零星的中国人到达巴西大陆。外交官夫妇在《19世纪中国人移民巴西史》一书中提到,巴西经济学家、萨尔瓦多高级法院法官若昂·罗德里格斯·德布里托(Joao Rodrigues de Brito)早在1807年就在其书中提出主张输入中国劳工。

1808年,真正有名有姓的中国人到达巴西后留下了有关他姓名的文字凭据,他很可能是一名澳门船上的中国海员,在私自出去游玩时被当作了印第安人,因而被抓到海军造船厂做了苦工。从1809年该人向葡摄政王提出的申请函(现存巴西佩特罗波利斯皇家博物院历史档案馆)中可以得知,该中国人葡文名为若昂·安东尼奥(João António),留存下的影印件是葡文的,因而他的中文名字便无从得知。[②]

此后,葡萄牙王室为避免战乱,于1808年初迁至陪都巴西里约热

[①] 郭昊:《缅怀先侨激励后世19世纪中国人移民巴西史成书》,国际在线,2017年9月25日,http://news.cri.cn/20170925/5880da2e-906f-c231-b4b5-8615b92e34dc.html? spm=zm5129-001.0.0.1.AYVsaU。

[②] 陈太荣、刘正勤:《19世纪中国人移民巴西史》,中国华侨出版社2017年版,第11页。

内卢,新首都的建设需要大量劳工,而时任澳门民政长官的阿里亚加利为给澳门争取更多的自制实权和自由贸易权利,主动建议派各行各业的中国人去巴西参与新首都的建设。据不完全统计,巴西在19世纪引进中国劳工共计9166人。① 其中有茶农,有为巴西修建铁路和公路的工人,有在海军造船厂务工的工人,有开采金矿的矿工,还有一些在城市务工或者务农的人员,他们都为巴西的种茶叶、采矿业、交通运输业和巴西城市的发展建设做出了贡献,开创了中国人在这片新大陆上谋求幸福生活的先河。他们漂洋过海,抱着对新大陆美好生活的向往,以令人钦佩的勇气与家人告别,将青春甚至将他们勤劳的一生都奉献给了巴西这片热土。历史的篇章翻过19世纪,进入20世纪后,华人向巴西移民也曾有过较为密集的时期。

(二)中国人移民巴西的开端

1893年,巴西委派的公使毕萨照会清朝公使薛福成,巴西正式向清政府提出了输送华工一事。双方就招工问题在巴黎进行了两次会谈,双方谈判顺利,后来巴西方面派谈判专使辣达略赴华与清政府签约。清朝总理衙门为接待巴西新使咨会李鸿章、刘坤一等,通报巴西使节即将到达的消息。清政府十分积极,希望促成这次合作,只等巴西新使到来签约。

然而,在招工期间,澳门发生了非法招募华工去巴西事件——巴西人在澳门开设的"华利栈"等机构打着清政府的名义非法招工400余名。此后,清政府加大了对非法招募华工的管辖力度。此时恰逢清政府遭遇甲午海战战败,巴西发生第二次海军暴乱,两国政府忙于解决内

---

① 陈太荣、刘正勤:《19世纪中国人移民巴西史》,中国华侨出版社2017年版,第11页。

务，清朝政府也因此无暇此事。

而此时在香港停留，本要赴华签约的辣达略，对输入日本劳工十分感兴趣，跑到日本考察后，向巴西政府汇报，日本工人更适合巴西。1895年，巴西驻法公使与日本驻法公使签订《巴西修好通商航海条约》。1905年，第一批日本移民抵达巴西。1908—1970年，将近30万日本人移民巴西。

事实上，尽管政府间的招工没有达成，巴西却一直在澳门私自招募华工，因而促成了上文提到的19世纪大约9166人的迁移。这批移民是中国向巴西移民的先锋，为如今在巴西生活打拼的华人华侨开辟了移民之路。

（三）中国人移民巴西的发展阶段

自19世纪到新中国成立前夕，中国向巴西移民数量较少。新中国成立后，中国向巴西移民进入快速发展阶段。

第一阶段是20世纪40年代末到50年代初，此时移民数量相比之前呈现出增长的趋势。第二阶段是20世纪60年代末到70年代初，本阶段移民数量较多，占1996年在巴西华侨的70%—80%。第三阶段是20世纪80年代中国改革开放，大批的中国人涌向巴西。1988年巴西大赦，移民由此获得巴西侨民身份。

20世纪出现过华人向巴西移民的几次高潮，而这几次高潮为现如今巴西华人的数量奠定了基础。当前的中国移民潮主要从20世纪90年代开始，那时候去巴西的人大多来自浙江、广东和福建，他们主要通过家庭团聚的渠道移民巴西，做一些与中国产品相关的小生意，虽然在巴西过着简单的生活，但他们觉得在巴西赚钱更容易，也可以为子女提供更好的生活。①

我们可以看到，中国向巴西移民的脚步是一步一步、分阶段、小规模、自发性的，且没有大规模的相应政策做支撑。1996年《巴西侨报》估计在巴华人不会超过15万。② 巴西华人协会会长、华裔女议员李少玉估计，巴西的华人华侨如今可能已经超过30万人。③ 而最近的资料显示，巴西华人或巴西华裔的总数估计有20万—25万人④。（前文中提到的移民人数总计事实上不能代表其真实水平，更多侧重于2016年在巴西登记注册的持中国护照的人数，由于华侨华人定义十分广泛，所以姑且只能算作是一份子）由此可见，1996—2019年的20年间华侨移民的步伐依然在向前迈进，但呈现分阶段、小规模、自发性的特点。

二、中国在巴移民状况

随着历史发展的进程，华人华侨经过一代代的努力已经用自己的勤劳和智慧在巴西这片土地上打造出了一片自己的天地。

巴西的华侨华人主要集中在圣保罗。他们从事的职业范围较广，除中餐馆、百货店等传统行业外，还从事进出口贸易、农场种植、养殖加工、超市、石油化工、陶瓷制造等行业。也有一部分有文化、有资金、有专长的人，成为了商人、律师、医生、政府官员等。华人移民巴西虽

---

① 密素敏：《试析巴西华侨华人的社会融入特点与挑战》，《南洋问题研究》2015年第2期，第64页。
② 杨继绳：《十五万华侨在巴西》，《群言》1996年第5期，第43—45页。
③ 《巴西华侨华人感受中国崛起：对未来充满信心》，中国新闻网，2010年12月23日，http://www.chinanews.com/hr/2010/12-23/2741133.shtml。
④ 密素敏：《试析巴西华侨华人的社会融入特点与挑战》，《南洋问题研究》2015年第2期。

然已有200多年的历史，经济实力与社会地位也在不断提高，但总体上，作为少数族裔，其中经商者多、从政者少，华人参政力量还很薄弱。

（一）中国在巴移民近况

巴西华侨华人的地理分布基本和巴西地区经济发达程度呈正相关，生活在巴西沿海的经济发达城市的华侨华人数量比巴西内地城市要多。① 很多巴西华侨华人都来自于广东台山市和浙江省青田县。

广东台山有片"巴西村"，7%旅居巴西的华人华侨来自台山市海宴镇。根据海宴镇2016年侨情普查统计数据显示，海宴籍侨胞有96889人，分布在60个国家和地区。巴西仅次于美国，是海宴人的第二大侨居国，旅居该国的海宴籍侨胞人数达到14652人。目前旅居巴西的20多万华人华侨中，来自海宴镇的就占了7%。海宴人大规模移民巴西始于1992年，他们用了24年时间，通过亲帮亲、村带村的链条式移民模式，将1.5万人迁移到太平洋彼岸的南半球国家，使得巴西一举超越海宴人的传统侨居国加拿大，成为该镇的第二大侨居国。②

台山人去巴西大多是去开"角仔店"（pastelaria）③。"角仔"在巴西已经存在六七十年，普及程度相当于北京的"沙县小吃"。以里约热内卢市为例，里约大约有1万多名华人，其中广东侨胞接近1万人，角仔店就有2000家左右。圣保罗市有广东侨胞1.7万人左右，该市也有几百家角仔店。更多广东人在圣保罗市周边小城市开角仔店和杂货店。

---

① 束长生：《巴西华侨华人研究文献综述与人口统计》，《华侨华人历史研究》2018年第1期。
② 《广东台山有片"巴西村"旅居巴西乡亲比村民还多》，人民日报海外版官网，2016年8月8日，http://m.haiwainet.cn/middle/3540916/2016/0808/content_30169508_1.html。
③ 中文本意是糕点店，食品作坊。角仔在各个地方口味不同，原料也不尽相同，有甜的、包菜的，属油炸食品，一般卖的是广东小吃油角以及巴西当地的一些街头小吃。

目前青田移民在巴西大约有 5 万人，约占中国移民总数的 1/6。①我们以巴西浙江总商会创始会长——张江鸥的经历为例，来剖析青田人在巴西的发展状况。

作为青田人在巴西生活的代表，他初去巴西时也是从做提包业开始。而今，他用 25 年的时间在巴拉圭东方市（Cidade do Leste）开了一家五星级酒店，并成为巴西浙江总商会的创始会长。在该社团的领导下，浙江侨胞们在巴西聚集起来互相帮助，逐渐更好地融入巴西社会。

同每一位来到巴西创业成功的华商一样，张江欧也经历过拿着一提包的小商品，挨家挨户敲门卖货。而 1992 年一件偶然的事件使得他放弃"提包客"这一职业，逐步开始自己的事业。

一天，他像往常一样当起了"提包客"，拎着货物，沿街兜售。当一个好心的巴西人没有买任何商品，而是直接给了他 10 个巴币时，张江欧觉得非常愤怒，他把装有几双袜子、相机的包丢在大街上，发誓再也不当"提包客"。

他从转型做批发商开始，去巴拉圭进货。当时，他利用带出国的5000 多美元去进货，然后卖给"提包客"，1000 元有 250 元的利润。在作为批发商积累一定经验后，他开始开办华人报关公司。从 20 世纪 90 年代中期起，集装箱运输的优势日显，成了货主和客户的第一选择。而巴西清关是不容易的，许多华商的集装箱会被扣押，为了让华商在巴西的贸易更加顺畅，张江欧想到开设海关报关公司，帮助华商解决清关、提关的问题。2009 年，他想将在巴西的浙江侨胞们团结起来，是想以这样一种方式去帮助那些需要帮助的朋友们。②

---

① 束长生：《巴西华侨华人研究文献综述与人口统计》，《华侨华人历史研究》2018 年第 1 期。
② 《异国打拼 25 年，这个青田人从"提包客"变身巴西浙商的"领路人"!》，浙江新闻，2017 年 9 月 1 日，https://zj.zjol.com.cn/news/741054.html。

2015年，由青田县组织的基本侨情调查工作告一段落，青田县基本侨情调查工作总结大会暨基本侨情发布会于2015年3月24日举行。本次调查采用创新型调查方法，即国内基本侨情调查与海外专题侨情调查相结合的方法，是青田历史上组织发动面最广、社会参与度最高的一次侨情调查，历时一年多，圆满完成了各项调查工作，并形成了《青田县基本侨情调查分析报告》。调查结果显示：青田县现共有海外华侨华人、港澳同胞329296人，分布在世界121个国家和地区，集中在西班牙、意大利、巴西、法国和葡萄牙等国家，其中华侨279646人，华人48262人，港澳同胞839人，其他涉侨人员549人。由调查结果可见，青田人在巴西的人数仅次于西班牙、意大利，巴西是青田人前往海外的主要目的地之一。①

2014年《天下青田人》纪录片中报道，当时仅仅在里约市就有将近8000名青田华侨创业，绝大部分从事进出口贸易，在里约市各商品批发区，几乎都有青田人的身影。时任巴西里约华人联谊会副会长陈建平表示，当时在里约市的商业中心集中了很多的开店的中国人，80%以上都是青田人。而陈建平自己也是从做提包业、开餐馆开始，一步步积累到拥有了自己的进出口公司，成为青田人在巴西成功创业的典范。②

（二）中国移民融入巴西的特点

从中国移民在巴西现状的分析可以看到，巴西华人华侨融入社会的特点主要体现在三个方面：

---

① 《青田海外侨胞32万人巴西人数居全球第三》，巴西侨网，2015年3月36日，http://www.bxqw.com/userlist/hbpd/newshow-35574.html。
② 《天下青田人》纪录片，https://v.youku.com/v_show/id_XNzAzNTE4MTI0.html? spm = a2hbt.13141534.app.5~5！2~5！2~5~5！2~5！2~5！2~5~5~A。

首先，职业上，华人华侨以经商为主。很多华人去巴西之后，最开始大多从提包业做起。所谓提包就是作为批发商先去批发货物，随后带着货物挨家挨户上门推销。正因为提包推销的货物批发时可以赊账，又因为巴西人天性乐观，喜欢新鲜的小玩意，所以很多华人的第一桶金都是通过提包赚来的。等赚够资本，很多华人就转行做了其他生意。提包业由此成为很多在巴西做生意的华人华侨的必修课。根据相关资料，1987年12月华人的生意和涉足领域就涉及了餐馆业、服务业、进出口贸易业、娱乐事业等。现如今，随着全球化进程的加快，很多华人建立了跨国公司，为今后向巴西移民的新一代华人华侨在这里经商或者发展其他相关行业奠定了基础。

其次，融入社会方式的多元化。巴西作为一个移民国家，其文化具有包容、多元的特点，这种文化孕育出当地人热情奔放、开放乐观的性格。这种性格特点和很多华人含蓄、内敛的性格差异明显，这种差异一定程度上阻碍了中国人融入巴西社会的进程，也因为华人经济实力与社会地位的差异，华人融入巴西社会的方式呈现多元化的特点。早些年移民都从经营小生意开始一步步扩大自己的产业，走上经商之路，从而在经济上独立，以巴西立足并很好地融入巴西社会。后来经过时间的累积，很多在巴华人后代在当地接受高等教育后，其职业逐渐呈现多元化特点，成为了巴西不同领域的专业人士，比如医生、律师等。[1]

最后，华人华侨在当地认可度高，融入进程较为顺利。华人在巴西组建了很多华人社团，这些社团对当地社会发展都做出了积极贡献，得到了巴西社会的认可。目前，在巴西经常活动的华人社团有60多个，其中38个社团较为活跃、影响较大。按照社团活动范围，可以粗略的

---

[1] 密素敏：《试析巴西华侨华人的社会融入特点与挑战》，《南洋问题研究》2015年第2期。

分为商业社团、同乡会、联谊会、慈善社团、文化社团、中医药学社团和政治社团（主要是和平统一促进会）。最活跃的华人社团主要有巴西华人协会、巴西广东同乡会、巴西青田同乡总会、巴西华人文化交流协会等。华侨社团注重回馈当地社会，积极开展捐款赈灾、救济贫民等社会慈善活动，赢得了巴西民众的尊重。华人华侨的慈善义举不但帮助了巴西民众，也提升了华人华侨形象。

正是因为华人华侨19世纪以来为巴西发展所做出的巨大贡献，巴西政府将每年的8月15日设立为"中国移民日"。

（三）中国移民日的设立

毋庸置疑，巴西的华人华侨肩负着中国与巴西人文交流的使命，他们为巴西做出的贡献是国际社会有目共睹的。2017年8月15日，巴西中国议员阵线在巴西众议院全会大厅举行中国移民纪念活动，该阵线主席福斯托·皮纳托（Fausto Pinato）向众议院全会递交提案，要求将每年8月15日设立为"中国移民日"。该提案指出，"巴西是一个移民国家，各种族、民族人民和睦相处，但至今还没有设立'中国移民纪念日'。"正如提案所提到的，据资料显示，2016年在巴西登记注册的持中国护照的移民人数总计达到49905人。[①]

2018年6月，时任巴西总统特梅尔正式签署法令，将每年的8月15日设立为"中国移民日"。而1974年的这一天，正是中巴两国正式建交的日子。这项立法从无到有，仅耗时1年时间。巴西众议员皮纳托表示，"中国移民日"的确立，将有助于中国文化在巴西传播，让更多巴西人了解中国。

---

① 束长生：《巴西华侨华人研究文献综述与人口统计》，《华侨华人历史研究》2018年第1期，第30页。

在投票过程中,参议员玛塔(Marta)回忆说,巴西是今天中国移民的主要目的地之一。根据联邦警察局的数据显示,中国人已占该国登记移民人数的5%左右,巴西的华人社区只比玻利维亚、美国和阿根廷的华人社区小。"在圣保罗,他们出现在最多样化的地区。他们是医生、律师、教师、专业人士、杂货店和餐馆的业主。"她还指出,"从20世纪50年代开始,中国人对巴西的流动变得更加活跃。在20世纪80年代亚洲国家采取开放政策,允许企业家的到来后,这一过程得到了加强,这是中国今天出口的具有全球特征的企业家精神。这些都是高素质、国际化的年轻专业人士,他们在他们经营的公司工作。经过100多年的整合,典型的美食、武术、医学知识和特殊治疗技术是我们文化中融入的一些伟大遗产。"[1] 而如今,中国是巴西最大的贸易伙伴,两国在多领域广泛合作。对此,巴西前总统特梅尔表示,"两国间合作建立在互利共赢的基础上,从经济到航天,涵盖领域广,并在金砖合作框架下巩固了对话机制。"[2]

巴西中国移民日的设立,标志着两国对中巴关系发展的新期待,更是巴西和国际社会对于中国移民力量的认可。

三、中国在巴移民对中巴关系的促进作用

《19世纪中国人移民巴西史》是陈太荣、刘正勤这对退休外交官夫妇的心血所在,该书为研究中国人移民巴西历史、中巴交流史提供了珍

---

[1] Senado Notícias, "Dia Nacional da Imigração Chinesa é aprovado pele Comissão de Educação e Cultura," Junho, 2018, https: //www12. senado. leg. br/noticias/materias/2018/05/29/dia – nacional – da – imigracao – chinesa – e – aprovado – pela – comissao – de – educacao – e – cultura.

[2] 张启畅、张武岳:《巴西总统签署法令设立"中国移民日"》,新华网,2018年6月27日,http: //www. xinhuanet. com/world/2018 – 06/27/c_1123044177. htm。

贵的史料。

自1808年至今，华人华侨漂洋过海到巴西已经了历经两个多世纪，在这个过程中，中华民族靠着勤劳肯干、坚韧不拔的优良品质在地球另一端的巴西生根发芽，欣欣向荣。他们在巴西弘扬中华文化，作为中巴文化交流的桥梁，在两国友好关系中发挥着不容忽视的作用。中国人移民巴西的历程是螺旋式发展，是迂回曲折的，但依然不能阻碍其发展的步伐。

现如今，在巴西生活的将近30万中国人，为两国的合作交流奠定了基础。他们是中巴两国文化融合的先锋，通过自己的努力促进两国文化交流、强化经贸合作、增进政治互信。

（一）中国在巴移民促进两国人文交流

无论是"中国移民日"的设立，还是《19世纪中国人移民巴西史》一书的出版，都在中巴交流史上占据着举足轻重的地位。

"中国移民日"的设立，意味着巴西政府对中巴两国关系发展的肯定以及对两国关系发展前景的期待，从更广阔的范围来讲，巴西"中国移民日"的设立，也是华侨华人以良好的族裔形象，得到巴西政府及人民的普遍接纳和赞誉的表现。[1]

《19世纪中国人移民巴西史》的出版，更是在研究中国与巴西文化交往史上增添了浓墨重彩的一笔，为研究中巴文化发展史添加了宝贵材料。该书对中国人移民巴西的历史进行回顾，分析为何中国与日本在巴西移民发展历程中出现不同轨迹，有助于从历史层面更好地理解两国交往的意义。

---

[1] 张东东：《巴西设立"中国移民日"的多重意义》，《人民日报》（海外版）2018年7月4日，第6版。

自从1974年8月15日中巴建交以来，中巴两国联系日益密切。探寻中国人移民巴西的历史，分析、研究中国人移民到巴西的特点，对于促进中巴两国文化交流具有重要意义。

作为两国文化交流的使者，在历史长河中，当他们的身影第一次出现在巴西大陆上，就意味着中国文化与巴西文化的第一次接触。作为中国文化在巴西传播的重要载体，中国移民在巴西当地所做出的贡献和对中国文化的传播与弘扬，是中巴文化交流史上浓墨重彩的一笔。这些年来，中国在巴移民秉承中国文化中自强不息、刚健有为的进取精神立足于巴西社会，为巴西的经济进步做出了贡献。与此同时，巴西华侨以社团为单位，秉承中国传统文化中和为贵、和而不同的和谐精神和天人合一、民胞物与的人与自然相统一的精神，开展了多次捐款赈灾、救济贫民等慈善活动，这些善举赢得了巴西民众的尊重。他们在当地的善举和贡献都是中国传统文化基本精神的证实和体现。他们用自己的行为让巴西人民认识到了中国文化精神的实质，为中巴两国文化的交流和发展奠定了基础。而今"中国移民日"的设立，说明中国移民的贡献得到了巴西社会的认可。探索中国人移民巴西的历史，正是探索中国文化在巴西传播、中国精神在巴西弘扬的历史，中国人向巴西移民的故事是我们探索中国和巴西两国文化交流的渠道，讲述这些故事对于促进两国文化交流具有积极意义。

（二）中国在巴移民强化两国经贸合作

中国在巴移民的辛勤付出为促进中巴两国经济发展做出了巨大贡献。他们初去巴西时，提包业或者开店出售的产品大多都是中国制造，以售卖国内的廉价商品为主。而今，随着我国生产力和科技研发水平的提高，我国的输出产品逐渐向高科技产品转化。巴西与中国的经贸合作也日益密切。

  现如今，巴西已是中国在拉美地区最大的贸易伙伴；中国是巴西在亚洲最大的出口市场。据巴西工业、外贸和服务部的统计，2019 前 11 个月，巴西对华出口 576 亿美元，其中肉类出口增速明显，同期牛肉和鸡肉的对华出口额同比分别增长 59.77% 和 46.08%，对华牛肉出口额占巴西牛肉出口总额的比重不断提升。2019 年，中国仍是巴西最大的进口来源国。其中，巴西从中国进口电动机、发电机和变压器等设备增长明显。而中国在巴西投资总额持续增长，涉及领域不断铺开，且向价值链高端延伸，包括能源、制造业、交通、科技创新等，带动了当地就业，推动了本土技术创新。[①]

  那些成功移民到巴西的海外企业家和投资家，利用自身优势和资源从事国际和国内贸易，极大地促进了巴西贸易的发展，令巴西经济从中受益。在这些大数据的背后，他们正如一颗颗各就其位的螺丝钉，为两国经济贸易往来的良好运转发挥着关键的作用。他们在各个行业所建立的公司为当地创造就业，制造的产品为当地消费者提供更多的选择，也为当地经济做出巨大贡献。

  事实上，新中国成立后，中巴两国民间的贸易来往就已经开始，那时双边贸易额虽然很小，就现在两国经济往来规模不能相提并论，但也正是其中华人华侨的努力，才能有如今两国经济关系发展日益密切的良好局面。

  不仅如此，伴随着中巴两国经贸关系的日益密切，两国间人才互换，各领域交流日渐频繁。两国贸易往来实际上也促进了两国间的民间交流，让两国人民更为熟悉彼此，从而为中巴两国之间的政治互信提供

---

① 朱东君、张远南：《中巴经贸合作进入新阶段》，人民网，2019 年 12 月 16 日，http://world.people.com.cn/n1/2019/1216/c1002-31506865.html。

了坚强的后盾。

(三) 中国对巴移民增进两国政治互信

现如今，中巴两国关系日益稳固，全面合作伙伴关系深入发展。双方高层接触频繁，政治互信不断增强。中国已连续成为巴西第一大贸易伙伴和第一大出口目的地国，并成为巴西主要外资来源国之一。这些成绩的取得，离不开两国热络的政治互动。①

中国与巴西两国的政治互信发展过程中有两个重要的时间节点，在1993年，巴西成为首个跟中国建立"战略伙伴关系"的发展中国家。两国关系由此进入了全面深入合作的新阶段。接下来是在2012年，两国关系又提升至全面战略伙伴关系。这两个时间节点是中巴两国政治互信发展过程中的重要里程碑，标志着中巴两国政治互信发展已经进入了新阶段，此后双边政治互信也不断升温，两国在经贸、科技、文化、教育等领域的交流合作也持续深化。

两国之间政治互信的深化不仅同中巴在科技等领域的民间合作、民间交流，以及中国移民在巴西的贡献息息相关，而且同两国领导人对两国关系发展的重视密不可分。这些因素都巩固了两国的政治互信。

中国一向重视发展与巴西的战略伙伴关系，尤其是当前国际时局下，中国与巴西作为两个重要的发展中大国，在金砖国家等国际组织中扮演着重要角色。探寻中国人向巴西移民的历史，有助于我们从历史角度追溯中国和巴西交往的渊源。

从巴西方面来说，巴西政府重视巴中关系的良性发展。由于历史上与中国的渊源，以及华人华侨在巴西的贡献得到巴西当局的认可，从而

---

① 骆一：《高层互动引领中巴关系》，南美侨报网，2019年8月14日，http://www.br-cn.com/topic/20190814zbffyears/jtai/20190814/134487.html。

促成巴西政府设立"中国移民日",也在中巴两国友好关系的发展过程中起到了推动作用。

中国与巴西在政治联系上日益密切,2014年7月习近平主席出席在巴西举行的金砖国家领导人第六次会晤、中国—拉美和加勒比国家领导人会晤并对巴西进行国事访问。中巴双方发表《关于进一步深化中巴全面战略伙伴关系的声明》。2019年新组建的巴西政府延续了巴中高层积极互动的传统。2019年5月,巴西副总统访问中国。两国政治的合作日益密切,成就了如今中巴两国政治互信发展日益巩固的良好局面。

四、总结

中巴两国经过45年的发展,政治互信不断深化,在地区和国际事务中保持密切协作。双边关系的战略性、全局性影响不断提升,成为南南合作的典范。现如今,两国政治交往日益密切,作为新兴市场国家,两国在面对重大问题时都有相似立场。中巴两国在人文交流、经贸合作、政治互信方面发展进入良好势头,中国在巴移民在其中的促进作用是功不可没的。

继2017年8月15日"中国移民日"设立后,2019年4月15日,巴西圣保罗州莫日达斯克鲁济斯市政府举行隆重的颁奖典礼,授予青田籍侨领、巴西华人青年企业家、巴西华商总会会长叶康妙先生"荣誉市民"称号,以表彰叶康妙先生在推动该市与中国的经贸合作,促进当地城市经济发展方面所做的积极贡献。① 从 1808 年第一位中国人随船到巴西至今，一代代勤劳的中国移民在巴西这片国土上靠着自己的努力打造出属于自己的一片天地，他们是一张张中国名片，代表着中国形象，同时为中巴交流做出了重要贡献。

---

① 《这位青田籍侨领在巴西获得"荣誉市民"称号》，南美侨报网，2019 年 8 月 14 日，http://www.br-cn.com/topic/20190814zbffyears/jtai/20190814/134501.html。

中巴影像交流

王丛汐　谌华侨[*]

一、影视故事原型

20世纪80年代，电视剧《女奴》（A Escrava Isaura）中坚强而勇敢的巴西女奴伊佐拉给每个中国人留下了深刻的印象；而在21世纪的今天，巴西导演埃斯特万·齐亚瓦塔执导的电影《Made in China》向巴西乃至世界展现了"中国制造"的影响。女奴伊佐拉和中国商人赵老板不仅代表了他们个人，也代表了一个群体的追求和感悟。

（一）《女奴》故事原型

伊佐拉（Isaura）为1976年出品的巴西电视连续剧《女奴》的主角。该电视剧根据巴西著名作家贝尔纳多·吉马良斯[①]的同名爱情小说

---

[*] 王丛汐，葡萄牙里斯本大学经济管理学院；谌华侨，四川外国语大学金砖国家研究院。

[①] 贝尔纳多·吉马良斯（1825—1884），法官、记者、诗人与小说家。1875年，他的小说《女奴伊佐拉》出版，受到了广泛的好评。在此之后，他完全致力于文学创作，又出版了4本小说与2本诗集。"Biografia de Bernardo Guimarães", Academia Brasileira de Letras, http：//www.academia.org.br/academicos/bernardo-guimaraes/biografia。（上网时间：2020年6月13日）

改编而成，是20世纪80年代最受欢迎的电视剧之一，也是中国最早引进的外国电视连续剧之一。

故事发生在佩德罗二世①统治前期，女奴伊佐拉出生在庄园主阿尔梅达（Almeida）的家中，母亲是美丽的黑人女奴朱莉安娜（Juliana），父亲是原庄园管家米格尔（Miguel）。米格尔因与朱莉安娜相恋，想赎回其自由之身而触怒了阿尔梅达，被赶出了庄园。在伊佐拉的母亲朱莉安娜去世之后，伊佐拉由阿尔梅达夫妇抚养长大。阿尔梅达的妻子埃斯特尔（Ester）将伊佐拉视如己出，让伊佐拉接受了良好的教育。伊佐拉能歌善舞，虽是奴隶之身，但却和一般的大家闺秀并无差别。

阿尔梅达与埃斯特尔的儿子莱昂西奥（Leoncio）是个不学无术的浪荡公子。从巴黎的大学辍学之后，他回到巴西，并在父母的期望下和父亲的富商朋友之女——玛尔维娜（Malvina）喜结连理。虽然有一个美丽又善良的妻子，但莱昂西奥还是一直觊觎着伊佐拉的美色。不久之后，莱昂西奥的父亲——庄园主阿尔梅达不幸去世并留下遗嘱，希望莱昂西奥释放伊佐拉。就在这时，伊佐拉的父亲米格尔也出现了，他带着自己所有的钱去找莱昂西奥，希望能赎回伊佐拉。在各方的压力下，莱昂西奥口头答应会释放伊佐拉，但却不断地拖延时间，将伊佐拉关起来，甚至不让她会见自己的父亲米格尔。

一天，米格尔趁莱昂西奥不在，带着伊佐拉逃跑了。他们坐着小船

---

① 佩德罗是巴西的第二位也是最后一位皇帝（1831—1889），其仁慈的统治饱受赞誉，持续了近50年。他反对奴隶制，并于1840年释放了自己所有的奴隶。Fernandes Cláudio, "Dom Pedro II", *Brasil Escola*, Maio 18, 2020, https://brasilescola.uol.com.br/historiab/dom-pedro-ii.htm。（上网时间：2020年5月18日）

一直逃到了累西腓。① 为了掩饰身份,她假扮成白人女士埃尔韦拉(Elvira),并认识了当时巴西最富有的人之一、年轻的废奴主义者——阿尔瓦罗(Álvaro)。阿尔瓦罗爱上了伊佐拉,并邀请她参加一场舞会,经过激烈的思想斗争,伊佐拉赴约了。在舞会上,她引起了一个叫马丁尼奥的人的注意,这个人在报纸上看到了莱昂西奥刊登的有偿缉捕在逃奴隶的广告,认出了伊佐拉并当场指认了她。得知伊佐拉真实身份的阿尔瓦罗非常同情她的遭遇,将伊佐拉和她的父亲接回自己的家中,并和自己的律师朋友一起竭力帮助他们。然而,莱昂西奥仍然找上门来,强行把伊佐拉抓回了家里,并把她的父亲送进了监狱。

之后,莱昂西奥设法让伊佐拉嫁给驼背的园丁贝尔特拉奥(Beltrão),并表示只有这样伊佐拉和她的父亲才能获得自由。他还伪造了一份阿尔瓦罗写给伊佐拉的书信,让伊佐拉误以为阿尔瓦罗已经忘记了自己并且与其他人结婚了。伊佐拉阅毕,十分绝望,同意了这门婚事。但就在伊佐拉和贝尔特拉奥的婚礼上,阿尔瓦罗出现了,手里还拿着数份债权书。原来,阿尔瓦罗还清了所有莱昂西奥欠下的钱,成为了他唯一的债主,莱昂西奥从此一无所有了。见状,绝望的莱昂西奥转身向房间走去,饮弹自尽。后来,阿尔瓦罗与伊佐拉完婚,并释放了所有的奴隶,从此过上了幸福的生活。

(二)《Made in China》故事原型

《Made in China》(《中国制造》)是由巴西导演埃斯特万·齐亚瓦

---

① 累西腓市是巴西东北部重要港口城市,历史、文化名城,海、空军基地,东北部政治、经济、文化、教育、医疗中心。面积为218.4平方公里,人口约163万,大多数为欧洲人后裔,亦有非洲人、美洲印第安人和相当数量的混血儿。中华人民共和国驻累西腓总领事馆,2016年7月6日,http://recife.china-consulate.org/chn/lqgk/。(上网时间:2020年5月6日)

塔导演的，是首次以中国移民为主题的喜剧。该剧以诙谐幽默的方式展现了"中国制造"对巴西的影响，让更多的巴西人了解了中国文化的博大精深。

故事发生在巴西里约热内卢著名的撒哈拉商业中心（SAARA），圣诞佳节之际，阿拉伯商店——圣乔治之家的女售货员弗朗西斯（Fransis）偶然来到一家中国超市，发现店内的物价十分低廉，令人难以置信。回到自己的商店，她把自己的所见所感告诉了自己的阿拉伯老板——纳泽尔（Nazir）。纳泽尔表示，他也发现，自从中国超市在撒哈拉商业中心开张之后，自己的生意就少了许多。中国超市的赵老板（Chao）是个精明的生意人，在他店里工作的有他的未婚妻晶晶（Jin-Jin），还有晶晶的妈妈赖女士（Lai）。晶晶不想嫁给赵老板，但赵老板却时时刻刻控制着她，并表示如果晶晶不听话，他就把晶晶和赖女士一起送回中国。

为了刺探中国超市低廉物价的秘密，弗朗西斯让自己的男朋友卡洛斯（Carlos）应聘为赵老板超市的一名员工。但卡洛斯正事没办成，却喜欢上了赵老板的未婚妻晶晶。

一天晚上，弗朗西斯乘坐一辆出租车跟踪赵老板，企图发现他的商业机密。没想到一下车，弗朗西斯就被赵老板一行抓住。面对赵老板的质问，弗朗西斯说自己只是想知道中国超市低廉物价的秘密。赵老板告诉她，那是因为中国人勤劳踏实、生产效率高，所以生产出来的东西才便宜。随后，赵老板放走了弗朗西斯。

晶晶因为自己被赵老板束缚而一直感到不开心，弗朗西斯知道后，鼓励她勇敢地活出自己。不久后，狂欢节到来了，弗朗西斯远远地看见晶晶和自己的男朋友卡洛斯一起离开，她追了过去，却看到二人在角落里十分亲密。与此同时，赵老板的朋友也目睹了晶晶和卡洛斯在一起，并告诉了赵老板。赵老板得知情况后，十分愤怒，解除了与晶晶的婚约。之后，赵老板带了一众人来到圣乔治之家找卡洛斯的麻烦，把圣乔治之家弄得一片狼藉。老板纳里斯见状，深受刺激，住进了医院。第二天，赖女士带着晶晶来到圣乔治之家给所有人道歉。因为晶晶撒谎了，其实卡洛斯并没有对晶晶做任何事，她之所以这样做，是为了让卡洛斯娶她，然后留在巴西。得知晶晶只有嫁给一个巴西人才能留下来之后，纳里斯的儿子路易斯（Luís）表示，自己可以娶她。

最后，晶晶、赖女士、路易斯和弗朗西斯一起开了一家服装店，纳里斯也出院了，成为了服装店的合伙人。卡洛斯来到服装店，为弗朗西斯深情高歌，乞求她的原谅，而弗朗西斯笑着原谅了他。影片最后，大家一起在街上狂欢，圣乔治之家的一行人又碰到了赵老板，弗朗西斯对赵老板说："在巴西，不要去纠结圣诞节和春节的区别，因为所有的一切最终都会融合在一起，和谐共处。"

二、影视剧在两国的传播

《女奴》作为第一批引进中国的外国电视剧，一经播出，就在国内引起了强烈的反响。一时间，女主角伊佐拉的名字家喻户晓，无人不知。三十年后，巴西导演埃斯特万·齐亚瓦塔导演的电影《Made in China》在巴西上映，让更多的巴西人了解了远在太平洋另一端的中国。虽然两部影片的内容大不相同，但毋庸置疑的是，它们都为两国之间的交流与相互了解，做出了不容小觑的贡献。

（一）《女奴》引起中国观众的情感共鸣

1984年，《女奴》作为改革开放后第一批引进中国的外国电视剧，出现在中国观众的荧屏上。长达一百多集的《女奴》每周在北京电视台播出一集，每次播出之时，家家户户围坐在电视机旁观看，而这样的"每周之约"也成为了不少人儿时的回忆。20世纪90年代初期，中国大约有八亿七千万人观看这部电视剧，① 南美的热情空气漂洋过海，席卷了整个中华大地。

1985年，在中国电视金鹰奖的评选中，剧中饰演伊佐拉一角的卢赛莉亚·桑托斯获得了三亿中国观众的选票，当选为金鹰奖最佳外国女主角。迄今为止，她仍是唯一获此殊荣的外国女演员。能获得如此多中国观众的青睐，卢赛莉亚·桑托斯至今都觉得不可思议。

在20世纪80年代，巴西对中国人来说是一个遥不可及的国家。但随着《女奴》在中国的热播，中国人民开始了解巴西的历史和文化。女主角卢赛莉亚·桑托斯认为，这部电视剧拉近了两国人民之间的距离："在那时，中国和巴西之间就连通电话都非常困难。对于我们来说，中国在世界的另一端，我们对中国和中国文化知之甚少，而中国人民同样也并不了解巴西以及巴西文化。所以，这部电视剧在中国传播，被中国人民所喜爱，这是中华文化和巴西文化相互靠近的第一步。"②

《女奴》这部剧在展示伊佐拉与莱昂西奥、恩里克以及阿尔瓦罗的情感纠葛的同时，也向观众展示了一位拥有非洲血统的混血奴隶的生

---

① "Isaura na China"，https://sites.google.com/site/sitedobg/Home/curiosidades/isaura-na-china. （上网时间：2020年5月6日）

② A história da primeira atriz brasileira premiada na China, Agosto 8, 2014, http://portuguese.cri.cn/2301/2014/08/08/1s187725.htm. （上网时间：2020年5月6日）

活,引领大家重温历史,再现了19世纪的巴西奴隶社会的风貌。

16世纪50年代开始,随着第一批非洲奴隶通过海外贸易到达巴西,越来越多的非洲奴隶被带到巴西的奴隶区,每天承受着繁重且艰苦的工作。在三百多年的奴隶贸易中,约有480万非洲人被带到巴西,使之成为整个美洲大陆拥有非洲奴隶数最多的国家。[1]

19世纪中叶,巴西废奴运动不断高涨,受到了包括宗教人士、共和党人士、白人精英以及学生等各个阶层的响应。1888年5月13日,巴西摄政伊萨贝尔公主签署《黄金法》,宣布在巴西废除奴隶制。

在剧中,除了作为奴隶的伊佐拉积极地争取自由之外,本该是奴隶制受益者的阿尔瓦罗及他的朋友们也是废奴主义者。当知道自己深爱的伊佐拉是一个奴隶的时候,阿尔瓦罗说:"奴隶这个词毫无意义,不代表任何东西,它只代表谎言。伊佐拉像天使一般纯洁,像精灵一样美丽,这才是事实。"他认为奴隶制"本身就是一种耻辱,使文明蒙羞"。[2] 在影片的最后,阿尔瓦罗不仅救出了伊佐拉,也释放了莱昂西奥庄园中的所有奴隶,用实际行动捍卫了自己的信仰。《女奴》不仅仅体现了爱与人性,也体现了19世纪的巴西人民对奴隶制度的反思,为了废除奴隶制度而做出的努力。

近代的中国人民也有一段与伊佐拉相似的历史记忆。资本主义列强对中国发动了一系列侵略战争,迫使中国政府签订不平等条约,中国沦为了半殖民地半封建社会,中国人民也因此过着饥寒交迫和毫无政治权利的生活。从1840年的鸦片战争开始到1919年的五四运动,中国人民为了争取独立和自由进行了七十多年的英勇斗争。伊佐拉的遭遇和她勇

---

[1] Silva Daniel Neves,"Escravidão no Brasil",Brasil Escola,Maio 18,2020,https://brasilescola.uol.com.br/historiab/escravidao-no-brasil.htm.(上网时间:2020年5月6日)

[2] Bernardo Guimarães,"A Escrava Isaura",http://www.culturatura.com.br/obras/A%20Escrava%20Isaura.pdf.(上网时间:2020年5月8日)

于追求自由、摆脱奴役的精神唤起了中华民族共同的历史记忆，引起了广泛的共鸣，直到今天，仍广为传唱。

（二）《Made in China》所体现的中巴文化融合

影片《Made in China》(《中国制造》) 以幽默的方式讲述了一个在巴西里约热内卢撒哈拉商业中心的阿拉伯商铺与新入驻的中国商铺之间，因为矛盾与竞争而不打不相识，最后彼此谅解、友好共处的故事。

在影片中，"赵老板"这一角色向观众展示了在巴中国商人的生活与工作模式。赵老板是在巴中国移民的典型代表之一，他勤劳、聪明，经营的中国超市里的商品总是物美价廉，深受当地消费者的喜爱。在巴中国移民始于19世纪，两百多年前，中国的茶农将茶叶带到巴西，并尝试在巴西种植茶叶。虽然最后试验种植失败了，但这些茶农的后代们慢慢融入了巴西社会，为巴西的发展做出了不容小觑的贡献。

影片中，中国商铺红火的生意引起了当地一家阿拉伯商铺的嫉妒，因为中国商铺的入驻，自家店铺生意变得萧条了不少。最后，阿拉伯商铺的员工弗朗西斯发现了新的商机，和老板纳里斯一起做起了中国人的生意，与中国超市的赵老板达成了和解。导演通过这一矛盾的化解表达了自己的美好愿景："巴西和巴西人必须知道怎样与中国人相处。同理，也必须知道如何与意大利人、德国人、葡萄牙人相处。因为巴西是一个移民国家，必须有文化上的包容性。当然，巴西也必须向中国学习，特别是向中国学习创新精神、学习在当今新的经济环境下怎样生存。"[①]如同撒哈拉商业中心的阿拉伯商铺与中国超市的关系一样，中国和巴西不应该是相互竞争、相互排斥的，而应该互相学习、互为补充，共同取

[①] 《巴西导演拍摄电影〈中国制造〉》，人民网，2014年11月4日，http://world.people.com.cn/n/2014/1104/c157278-25973749.html。(上网时间：2020年5月8日)

得新的进步。

《Made in China》在很多方面展现了中巴文化的差异，而这些差异最终都走向了融合。一方面，从晶晶的前后变化中，我们能看到东方文化之含蓄与南美文化之热烈之融合。在影片开头，晶晶表现得含蓄而拘谨，与人交谈时甚至不敢看着对方的眼睛。但在当地文化的影响下，晶晶变得越来越"巴西化"：她穿着性感，在街上忘我地舞蹈，脸上也时常挂着热情的笑容。作为中国移民的晶晶，一直羡慕着巴西女孩的洒脱和自由，而在巴西，她也终于找到了理想中的自我。另一方面，中国传统节日春节和西方的圣诞节在巴西也能和谐共存。作为华人的赵老板，虽生活在巴西，但仍然过着中国的传统节日春节。他将自己新店开张的时间选在春节期间，并请来了舞龙舞狮队庆祝，场面浩大。此外，影片中两国的"守护神"文化也截然不同。当弗朗西斯拜访中国超市，看到超市内摆放的关公像而感到十分好奇。赖女士告诉她，摆放关公像是为了祈求生意兴隆、平安富贵。而弗朗西斯向赖女士展示了自己胸前的圣乔治①像，并告诉赖女士，圣乔治是巴西人民心目中的保护神。圣乔治节的时候，赖女士入乡随俗，和弗朗西斯一起去了教堂，祈祷住院的纳里斯能早点好起来。

影片里多次出现的中国元素，如汉字、中国歌曲、汉语、佛教商品、中国节日等，以及巴西的圣诞节、圣乔治节、狂欢节共同在影片中出现，含蓄与热烈相碰撞，却不令人感觉突兀，反而产生一种和谐的美感。也许这就是这部电影期望传达的：在巴西这样一个"种族大熔炉"

---

① 圣乔治是最早的基督教烈士之一，是英国的守护神；在中世纪，他成为勇气和无私的象征。在葡萄牙，对圣乔治的崇拜始于18世纪，之后由葡萄牙殖民者传播到巴西，现如今，圣乔治已成为巴西国内主要的圣人之一。每年的4月23日为圣乔治节。"São Jorge", Britannica Escola, https: // escola. britannica. com. br/artigo/S% C3% A3o – Jorge/487842。（上网时间：2020年5月8日）

中巴影像交流

中，人们或许也曾对不同的文化感到排斥和迷茫，但终将会像影片中演绎的那样，做到相互欣赏和尊重，并和睦共处，这就是独特的"巴西特性"。

三、影像交流对中巴关系的影响

随着国际关系领域先后出现"图像转向"和"审美转向"，"形象"（image）在国际关系中越来越重要，普通人的世界观主要是由电视和报纸塑造的。[1] 当前，大多数人都是通过视觉媒体获取有关国际事务的信息。通过让一些事物凸显而其他事物隐匿，从而塑造了我们对世界的看法。在视觉媒体中，影视资料具有典型的多模态特征，即包括语言、技术、图象、颜色、音乐等符号系统，主要包括靠眼睛获得的视觉通道，靠耳朵获得的听觉通道，具有多功能性。[2]

（一）影像具有符号功能，建构两国联系

如果说"语言是一种表达观念的符号系统"[3]，包含丰富语言信息的影像则具有符号功能，具有这种功能所包含的、与已经确认的定义相

---

[1] Mitchell, William J. Thomas, "Picture Theory: Essays on Verbal and Visual Representation," Chicago: University of Chicago Press, 1994; Bleiker, Roland, "The Aesthetic Turn in International Political Theory," Millennium: Journal of International Studies, 1994, Vol. 30, No. 3, pp. 509–533; Engert, Stefan, Spencer, Alexander, "International Relations at the Movies: Teaching and Learning about International Politics through Film," Perspectives, 2009, Vol. 17, No. 1, pp. 83–104.

[2] 朱永生：《多模态话语分析的理论基础与研究方法》，《外语学刊》2007年第5期，第83—84页。

[3] ［瑞士］费尔迪南·德·索绪尔著，高铭凯译：《普通语言学教程》，商务印书馆1999年版，第37页。

符的约定性，① 积极将社会结构和系统符号化。具有丰富符号系统的影像是对社会实践的抽象表达，其变化也是社会实践的变化。②

中国和巴西是东西半球的发展中大国，两国都面临经济发展转型、社会治理改善、政治领域改革的现实任务。中巴两国分属不同的半球，历史发展进程迥异，宗教文化差异较大，不同的发展轨迹和现状加之两国没有任何历史遗留问题，在诸多国际事务上持有相同或相似的立场，两国发展呈现较强的互补性，中巴交往具有诸多可资借鉴之处。

2020年初，突如其来的新冠肺炎疫情席卷全球，呈现全球大流行态势，对世界格局带来深刻影响。中国和巴西作为地球村一员，也受到本次疫情的冲击。自2020年3月份呈现首例确诊患者以来，疫情在巴西不断扩散，巴西已经成为继美国之后确诊人数和死亡人数最多的国家，疫情还在一进步扩散中。在共同抗疫的过程中，中巴两国相关机构先后组织了11场视频交流会议，内容涵盖医疗救治、传统医学、中西医结合治疗、中医药合作、经贸合作、金融合作、科技合作、电商物流、文化合作抗疫等专题，邀请医疗、科技、经贸、文化领域的专家、学者、官员等参与经验分享，国际抗疫合作系列研讨会立足于抗击新冠肺炎疫情的国际合作，着眼于在疫情扩散下的国际合作，分享两国抗击新冠肺炎疫情的经验和在新常态下恢复经济发展的有益举措，共同促进两国经济社会的平稳发展。③

本次国际抗疫合作系列研讨会在多个社交媒体平台进行直播，两国民众、专业人士、政府官员、企业负责人等纷纷登录直播平台，观摩研讨会，参与提问交流，共同探讨抗击新冠肺炎疫情的有效举措，交流分享在疫情大流行的情况下维系经济社会正常运行的有益方式。通过系列

---

① 《论影像作为符号》，《世界电影》1988年第3期。
② 胡壮麟：《社会符号学研究中的多模态化》，《语言教学与研究》2007年第1期。
③ 相关研讨会详细信息参加中华人民共和国驻里约热内卢总领馆网站，http://riodejaneiro.china-consulate.org/chn/zlghd/。（上网时间：2020年8月29日）

研讨，中国和巴西多方面主体在多个合作领域进行了全方位的交流，彼此借鉴有益经验，实现了两国在公共政策、经济发展等领域治国理政经验的交流，增强彼此联系和了解。

（二）影像具有再现功能，呈现两国情况

影像是符号分布印迹的物质手段，它是历史和文化的产物。在影像中，再现形式等同于被再现物，再现形式隐现在被再现物之后。[1] 观众能够通过视觉、听觉，乃至触觉直接感受影像内容。影像有利于观众加深对影像深度描述内容的印象，容易引起情感共鸣。在观摩其他国家的影像资料的过程中，有助于加深一国民众对影像材料所在国情况的了解，强化对相关问题的认知，有利于全面客观认识对象国的情况。影像提供了一个重新思考和感受国际问题的新领域，它不仅仅在乎其意义，更关乎视觉给予个体或集体的感受，并以"情感共同体感觉"的方式来调动和联系着人们。[2] 视觉图像能够激发"情感的感觉共同体"，能够塑造国际政治现象，影响大众对国际政治现象的理解，以及大众对国际政治现象的反应。

中国和巴西因为地理距离遥远，彼此语言不通，普通民众对彼此国家形成了刻板印象。对于中国民众而言，提及巴西，大多人会想到足球、桑巴舞、比基尼美女、烧烤，将这些作为巴西的标签。对于巴西民众而言，提到中国，很多人会联想到长城、众多的人口等。长久以来，这样的印象在两国民众中形成了刻板印象，形成了对彼此国家形象的思维定势。

---

[1] 《论影像作为符号》，《世界电影》1988 年第 3 期。

[2] Williama. Callahan, "Sensible Politics: Visualizing International Relations," Oxford University Press, 2020, p. 1.

影像资料，尤其近些年借助互联网进行传播的影像资料，从多个方面丰富了民众对中国或巴西的了解。从中国首部引进的海外译制片《女奴》来看，中国民众从该剧中了解到，巴西也曾有过殖民的历史，存在大庄园经济，庄园主拥有大量土地和奴隶，对奴隶和土地拥有自由处置权。在观看电视剧时，中国观众沉醉于巴西美丽的自然风光，对男女主人公打破重重艰难险阻，执着追求爱情的故事深为感动。通过该剧，中国观众加深了对巴西自然资源、历史进程、普通民众生活等多方面内容的认识。《Made in China》在巴西上映，巴西普通民众得以通过电影了解巴西华人的经营之道，认识中国人的为人处世方式，从而进一步理解中国人的婚恋观念、文化传统等。

刻板印象的破除是一个漫长的过程，而影像资料正是通过润物细无声的方式逐步消融中巴两国民众的认知偏好，逐步建构起两国民众对彼此国家的客观立体认识。刻板印象的破除和客观认识的建立，有利于两国民众逐步消除误解，扩大共识，逐步实现中国和巴西民众的心灵相通，强化中巴关系的民意基础。

（三）影像具有表意功能，体现两国特性

作为图像的重要载体，影像是一种聚集丰富故事情节，包含众多声像场景，能够反复观摩，具有永久储藏属性的数字材料。影像是它所展示的事物的具体表现，具有表意功能，它所表示的意义并不等于它所展示的事物，而是利用它所展示的事物进行表意。[1]

建构主义从国际层面对国家认同的形成和变化展开分析。该派学者认为，国家认同是一种国际社会的政治构建，是一个民族国家的合法性

---

[1] 《论影像作为符号》，《世界电影》1988年第3期。

逐步得到认同的过程，即在不断变化的国际环境和国家力量对比此消彼长的情况下确立适当的国家地位和自我身份。

《女奴》反映出大庄园经济时期，农场主对于奴隶的绝对支配权，体现出废除奴隶制、解放人性自由的历史急迫性。这对于曾经沦陷为半殖民地半封建社会的中国观影观众感同身受，极易唤起情感共鸣，强化对电影主人公命运的认同，以及改变现状的迫切愿望。

《Made in China》中所反映出来的中国商贩所展现的经商之道、处世方式，最开始并未得到巴西商贩的认同，曾出现过误解。随着双方交往的加深，在巴商贩逐渐融入到巴西当地的生活之中，逐步接受巴西的生活理念，适应巴西的生活方式。在该片中，从巴西华人商贩在里约热内卢商业街上面对黎巴嫩后裔商铺的竞争中所展现出来的勤劳与智慧，让巴西人深刻认识到中国人的经商成功之道，从而有助于巴西人认识中国在全球商业市场上的开拓进取，有利于理解中国在改革开放以来所取得的世界瞩目的经济成绩。

在新冠肺炎疫情期间，巴西旗手电视台推出葡语纪录片《武汉24小时》（24 horas em Wuhan），用纪实的手法全面客观地反映武汉的抗疫实践。纪录片再现了武汉新冠肺炎确诊患者激增时期，武汉市民、志愿者、警察、医生、外卖骑手、社区下沉干部等群体共同抗疫的感人故事。该纪录片为巴西观众带来了有关新冠肺炎疫情的多方面信息，有利于巴西民众意识到按照世界卫生组织的建议采取隔离措施的重要性，以及遵照政府防疫指示进行卫生防护的必要性，有利于巴西民众了解中国采取相关防疫举措的紧迫性，加深对中国取得显著抗疫成效的认识，增强对中国政府所采取抗疫举措的理解和认可。

四、结论

人类互动在本质上是多模态的[①]，通过多种媒介进行，影视是普通民众较为容易获取的视觉材料，因其可获取性、廉价性和可存储性，加之现代通信技术的发展，影视资料具有广泛的传播性和影响力。作为第一批引进中国的外国电视剧，《女奴》为中国观众提供了全面且立体的巴西形象，有助于中国观众了解巴西的历史和人文。由巴西人导演，中巴两国演员共同参演的《Made in China》有助于巴西人了解中巴两国的文化差异，以及在市场经济条件下如何进行交融，有利于两国人员在交往过程中克服文化差异，顺利推进相关合作。

中国和巴西作为位于东西半球相距甚远的国家，影像资料是两国民众认识彼此国家情况的一种可行且便捷的途径。随着互联网的快速普及，以及5G的逐步实施，两国民众可以在互联网上检索到题材丰富的中国或巴西影像资料。多种类型的影像资料为两国民众认知彼此提供了丰富的媒介，有助于从多个方面推动中巴关系的发展。

新冠肺炎疫情在全球大流行以来，短期内传统面对面的交流受到影响，为此，人们求助于现代互联网技术，进行跨越时空的虚拟会面，研讨人类社会共同面对的病毒，探讨新冠肺炎疫情下共同抗疫与及时恢复正常生产生活活动的有益经验，促进两国的科技、经贸、人文等领域的合作，推动两国关系持续稳定发展。

[①] 刘玉梅、周思邑：《多模态互动研究的新进展——〈汉语互动中的多模态〉评介》，《外语电化教学》2020年第3期，第106页。

图书在版编目（CIP）数据

中国与巴西人文交流录/谌华侨主编． —北京：时事出版社，2022.6
ISBN 978-7-5195-0490-8

Ⅰ.①中… Ⅱ.①谌… Ⅲ.①中外关系—文化交流—研究—巴西 Ⅳ.①G125②G177.75

中国版本图书馆 CIP 数据核字（2022）第 093250 号

出 版 发 行：时事出版社
地　　　 址：北京市海淀区彰化路 138 号西荣阁 B 座 G2 层
邮　　　 编：100097
发 行 热 线：（010）88869831　88869832
传　　　 真：（010）88869875
电 子 邮 箱：shishichubanshe@ sina. com
网　　　 址：www. shishishe. com
印　　　 刷：北京良义印刷科技有限公司

开本：787×1092　1/16　印张：10.25　字数：134 千字
2022 年 6 月第 1 版　2022 年 6 月第 1 次印刷
定价：68.00 元
（如有印装质量问题，请与本社发行部联系调换）